投映描画法の解釈

家 | 木 | 人 | 動物

Interpreting Projective Drawings
A Self Psychological Approach
by Marvin Leibowitz

マーヴィン・レボヴィッツ 著
菊池道子＋溝口純二 訳

誠信書房

この本を実らせてくれた妻ヴァレリーに

INTERPRETING PROJECTIVE DRAWINGS :
A Self Psychological Approach
by Marvin Leibowitz
Copyright © 1999 Taylor & Francis
Japanese translation rights arranged with Brunner/Mazel Inc. & Mark Paterson
through Japan UNI Agency, Inc., Tokyo.

色図版 1

色図版 2

色図版 4

色図版 3

色図版 6

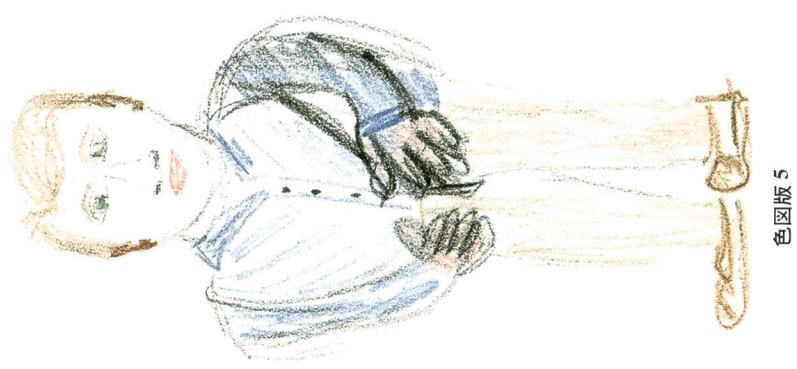

色図版 5

色図版 8

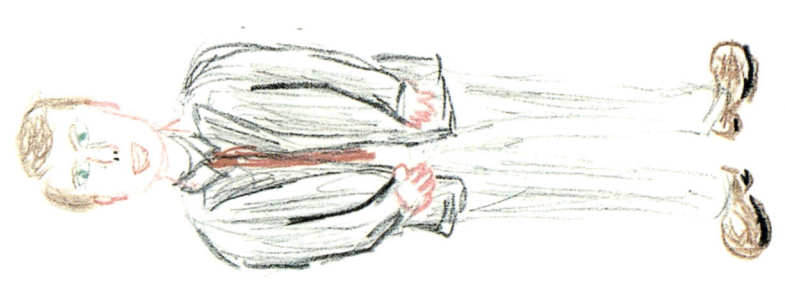

色図版 7

色図版 11

色図版 12

色図版 13

色図版 14

色図版 15

色図版 16

色図版 18

色図版 17

色図版 19

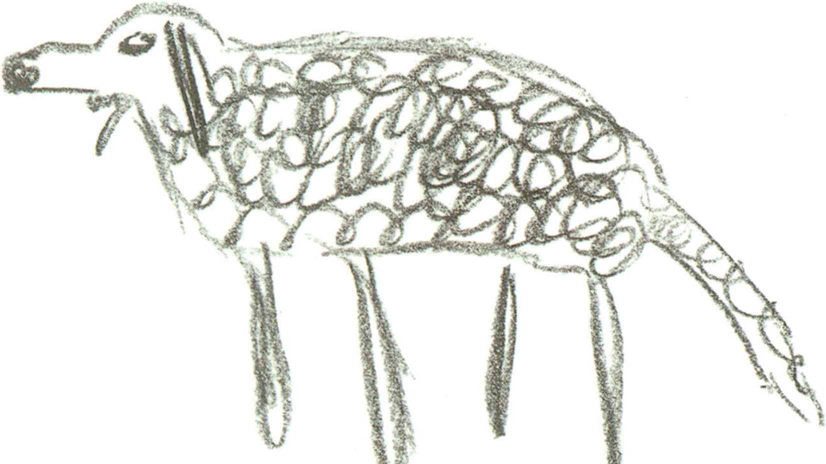

色図版 20

色図版 21 　　色図版 22

色図版 23

色図版 24

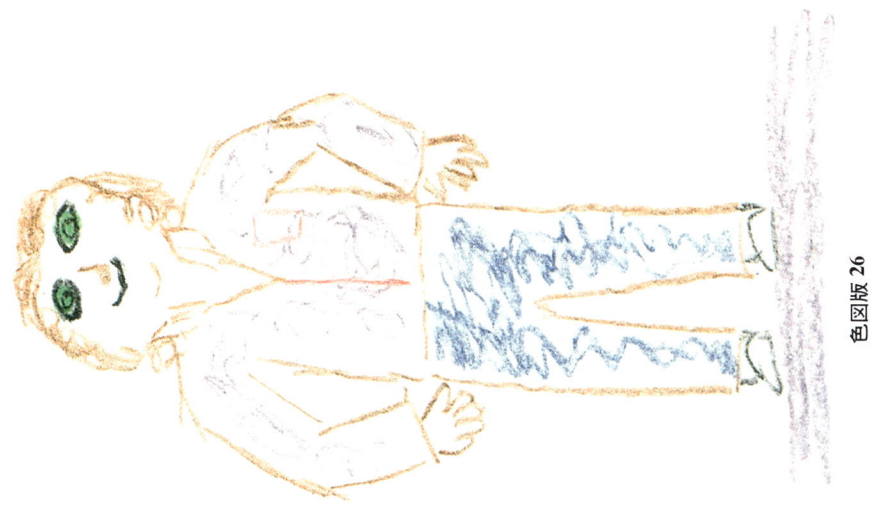

色図版 26

色図版 25

色図版 27

色図版 28

色図版 29

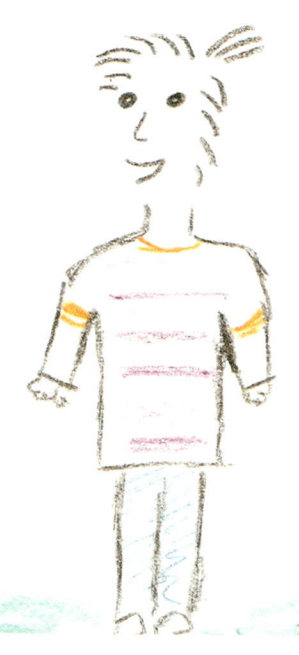

色図版 30

色図版 31

色図版 32

はじめに

　投映描画法，たとえば 家-木-人テスト（HTP），ひとり人物画法（DAP），人物画法（HFD），動的家族画法（K-F-D）などは，通常，診断用バッテリーやアセスメント法のなかに，また心理療法の効果測定のひとつとして含まれている。しかしながら，その信頼性や妥当性については多くの否定的証拠がある。それならば，なぜこれらの方法がこのように頻繁に使われているのだろうか。その答えは，多少とも検査者の経験のなかにあるらしい。その経験によると，描画法は描き手についての確実な何かを反映するという抗しがたい魅力をしばしば発揮するのである。たとえば，通路がなくてドアは小さく，窓はないかあるいは閉じられていて，煙突からは煙の出ていない家屋画は，忘れがたい虚しい孤独感を伝える。

　本書の目的は，患者の言語表現からは容易に見ぬくことのできない彼らの主観的世界に入る手段として，一組の描画法を臨床家や学生に提供することにある。

　その主観的世界は，自己-構造と世界-内-自己の見地から説明することができるであろう。そして，自己-構造（self-structure）と世界-内-自己（self-in-the-world）は，心理療法の試みの焦点に，さらにその後の進歩や退行の査定手段である再テストの焦点に，そして次の新しい焦点へと，直接関係しているのである。

　この著作は，パーソナリティ特性を解明するための，詳細で段階的なひとつの理論に拠る技法を供しようと企てられた。実施法を学ぶ学生，あるいは患者の査定に使用する臨床家にとって，使いやすい組織的方法を示している。すなわち，まず感情移入的アプローチで全体の印象を把握し，つぎに包括的な構造分析へと——パーソナリティ・プロフィールの特徴ごとに——症例研究を添えて進んでゆく。色彩の重要性についても十分に論証した。さらに本書は，最適あるいは肯定的な特徴と同様に，疑問の多い特徴も判別して取りあげ，詳しく

述べた。

　ハインツ・コフート（Heinz Kohut）によって紹介された精神分析的自己心理学が，本書の理論的支柱となっている。自己構造と自己対象体験の重要性についてコフートが強調したことは，投映法テストすべての基礎に内在するもの——その人自身および，その人の人生や認知や作品における重要人物の性格，特性，精神力動の表象——に直接結びついている。さらに，患者の主観的体験世界に共感的に侵入していく過程でのコフートの焦点あわせは，患者の芸術作品である描画の意味にアクセスする手段として役立つ。

　ハンマー（Hammer, 1958）が指摘したように，症例研究の使用と治療前後の比較分析は，投映描画法の妥当性と信頼性を確立するのに重要な方法である。ロビンズら（Robins et al., 1991）の最近の研究では，重い障害をもつ十代の患者たちが，集中入院治療の前と後で，HFDに有意な改善を示した。本書は，照査のために，この領域におけるどの著作よりも多くの実例を用いている。まとめのケースでは，治療開始から1年後までの状態と，家・木・人・動物それぞれの，無彩色と彩色の計10枚の描画を提示した。

　投映描画法の解釈には十分に確立した統計的実証的基礎がないので，被験者が自分について何を語っているか，その意味を理解するために描き手の主観的世界に入る努力が，現在われわれの知るかぎり，描画法を有益かつ有意義に利用する最上の方法であろう。

謝　辞

　本書は"サイコロジストのためのサイコロジスト"である G. K. ネーベル博士の励ましがなければ，世に出ることはなかったであろう。心理テストに対する彼の情熱は感染力が強く，インスピレーションを与えられた。
　その具体化のひとつである本書のプロジェクトには，フェアライ・ディキンソン大学心理学教授の R. マックグラス博士による支持と援助をいただいた。彼やその他の教授の学生たちが研究助手として手伝ってくれたことにもあわせて感謝したい。
　S. E. アレグザンダー博士の支援と励ましと助言がこの出版を促したこと，さらに彼女の貴重な紹介によって，I. B. ワイナー博士と J. E. エクスナー博士から原稿の段階で親切な批評を戴いたことに多大の謝意を表したい。
　この研究が発展してきた長い年月の間，多くの人たちから協力と支持をいただいた。投映描画法の解釈力を磨くために私を助けてくれたパサイック精神保健クリニックの昔の同僚たち，P. コルビスィエロ心理学博士，J. A. コッホ博士，M. I. リプクス心理学博士，S. B. サフラン心理学博士。そして D. S. マックイサック博士は，ハインツ・コフートの研究を私に紹介し，自己心理学についての私の関心の源として啓蒙しつづけてくださった。また，出版の労をとられたブルナー／マーゼル社の新刊図書編集者の L. ヘイズと T. ワール氏，カラー・アートの製作編集者 C. ヴァンシヴァーさんと E. シルソ支配人に対し格別の感謝を捧げる。
　多くの友人や親族が，失敗に決まっているこんな代物をなぜ終わりにしないのかという困惑を示しながら，それでもなお変わることなく励まし誇りにしつづけてくれた。ブルースとシェリー・フリードマン，ジョアンとサンディ・ジェルブ，チャールズとジャン・ホニック，アイリス・ブルックス，メアリレーン・アーニスト，ヴィヴィアン・カーター，カレンとジェリー・ドレフス，ダヴィド，カレン，ウエンディ，デビー，マーシ，ジルとヨナ・コリン，

スティヴンとミッチェル・レボヴィッツ，サムとフランセス・レボヴィッツに感謝する。特に妻ヴァレリには，その忍耐と忠実な親切に対して，本書を捧げ，私の永遠の愛と感謝を贈る。

　そして，本書のなかに絵を収録させてもらった患者さんたちと，私を信頼して絵を提供してくれた多くの患者さんたちに限りない感謝と賞賛を。"あなたたちがいなければ，私はこれを仕上げることはできなかったのです"。

目　次

	はじめに	i
	謝　辞	iii
第1章	序　論	1
第2章	投映描画法の実際―印象分析	9
第3章	投映描画法の実際―構造分析―一般的因子	27
第4章	構造分析―家	37
第5章	構造分析―木	59
第6章	構造分析―人―男性と女性	77
第7章	構造分析―動物	141
第8章	投映描画法に見られる"垂直分割"	161
第9章	印象分析と構造分析によるまとめ	167
	後　記	197
	付録A：描画の教示と実施法	199
	付録B：形容詞一覧表	205
	参考文献	213
	訳者解題	217
	訳者あとがき	223
	人名索引	225
	事項索引	226

第1章
序　論

　人間の姿の描画から始まった投映描画法は，1920年代以降はパーソナリティと知的機能，あるいはそのいずれかを査定するために用いられるようになった(Goodenough, 1926)。グッドイナフ(Goodenough)は主として児童のIQ評価に利用していたが，ひとり人物画法(DAP)が，パーソナリティについてもかなりの資料をもたらすことに気づいた。描画法は，正規の心理査定バッテリーに組み込まれ，さらに成人の査定にも範囲を広げるようになったのである。精神分析的なアプローチを用いていたマッコーヴァー(Machover, 1949)は，包括的なモノグラフを発表し，内容（象徴的な意味）と，描線の特徴やサイズ，位置など構造的要素の両面から，描かれた人間の姿に意味づけを試みた。マッコーヴァーと同じころに描画法を執筆していたバック(Buck, 1948)は，このアプローチを，家と木と人の描画に広げた。ハンマー(Hammer, 1958)は，バックの仕事をさらに丹念に練りあげ発展させて，投映描画法の表現（構造）的側面，児童・思春期・成人の描画，治療前後の分析への適用，動物描画の象徴性，臨床査定や芸術療法での使用を含めた諸問題に，先行の研究者たちの貢献をふくめて，広範で包括的な著作を生み出した。

　HTPテストについてのハンマーとバックの研究から，数多くのハンドブックや便覧が続出し，投映描画法のさまざまな側面に意味を与えようとしている研究論文(Bieliauskas, 1980 ; Buck, 1966, 1992 ; Jolles, 1971 ; Mitchell et al., 1993 ; Ogdon, 1967, 1981 ; Urban, 1963 ; Wenck, 1977)を統合強化したのである。

　解釈の信頼性と妥当性の確立を求めた上記著者たちの研究のほとんどは，スウェンセン(Swensen, 1957, 1968)からの厳しい挑戦を受けた。そのほかの調査（主として人物画について）もまた，信頼性と妥当性を支持することに失敗

した（Harris, 1963；Kahill, 1984；Klopfer & Taulbee, 1976；Suinn & Oskamp, 1969）。そのため何人かの著者たちは，人物画法（HFD）（またはDAP）をテストとして臨床バッテリーに組み入れることをやめ，せいぜい面接過程の一部として使うだけにするよう主張した（Anastasi, 1982；Joiner et al., 1996；Joiner & Schmidt, 1997；Gresham, 1993；Kamphaus & Pleiss, 1993；Knoff, 1993；Motta et al., 1993）。

　他方，肯定的な研究結果も報告されている。リースミラーとハンドラー（Riethmiller & Handler, 1997a, 1997b）は，ジョイナーら（Joiner et al., 1996）に答えて，以下の条件が満たされていれば，投映描画法はかなり有用であると考えた。すなわち，個々のサインが文脈から外れて使われていないこと，芸術性や細部描写の量を要因として織りこむかあるいは調整すること，細部の微妙な違いを識別すること（例：消しゴムの使用によってさらによくなったか，その絵にはさまざまなタイプの濃淡があるか），描画が他のテスト結果の予測指標として用いられること，そして最も重要なのは，機械的な判定ではなく，意味のある固有の文脈での判定が求められること。そしてその実例として，描画法によって，ホームレスと精神科入院患者と正常者群を弁別したコットら（Kot et al., 1994）の研究を挙げた。ヤマ（Yama, 1990）は，里子の養育先に関する描画の印象分析的予測法を見いだした。またサランガーとスターク（Tharanger & Stark, 1990）は，経験と印象による包括的評価法を用い，患者のうつ病水準を弁別した。

　投映描画法によるこのほかの肯定的な結果を挙げると，判決を受けた少年たちとそうでない少年たちを弁別した HFD の有効性（Marsh et al., 1991），具体的思考と抽象的思考の査定（Gustafson & Wachler, 1992），衝動性の指標（Oas, 1985），不安の評価（Sims et al., 1983），性同一性の測定（Farlyo & Paludi, 1985；Houston & Terwilliger, 1995），依存と自立の範囲の相関性（Witkin et al., 1962），近親姦被害者群の弁別（Waldman et al., 1994），身体像の正確な反映（Hayslip et al., 1997）がある。また，子どもの知的情緒的状態を査定するために，HFD と DAP を用いたコピッツ（Koppitz, 1968, 1984），ナグリエリら（Naglieri, 1988；Naglieri et al., 1991）は，高水準の実証的妥当性を得た。

　研究によって支持されるような信頼性や妥当性の論争とは無関係に，主とし

て臨床経験に根ざした子どもと家族への描画法の使用が特に盛んになったけれども（Burns, 1982；Burns & Kaufman, 1970, 1972；DiLeo, 1970, 1983；Klepsch & Logie, 1982；Oster & Gould, 1987；Reznikoff & Reznikoff, 1956），その多くは描画法の信憑性に対する彼らの確信によるものであった。バーンズ（Burns, 1987）がH-T-Pを動的側面に範囲を広げたことと，成人被験者を加えたことは，投映描画法の興味深い応用のひとつである。

投映描画法の正当性に関する議論は，主として子どもが描いた鉛筆の人物画に集中している。私の知るかぎり，同一被験者からの多面的（たとえば，家，木，人，動物）描画や色彩の要素を加えた実証的研究への拡大は，これまで試みられなかった。エクスナー（Exner, 1993）がロールシャッハ・テストに実施したと同じような，正常者と精神障害者の両群を用いた大規模な実証的研究は，信頼できる妥当なテスト手段としての投映描画法を確立する助けになることは疑いない。現在のところ妥当性の類は欠けているが，描画の解釈を可能にする理論的枠組の利用は，臨床家に多くの有用な情報をもたらす道を開くであろう。

文献を再吟味してみると，理論と描画の，一貫した明快で包括的な結合が欠けていることに気づく。マッコーヴァー，バック，ハンマーは，古典的精神分析の概念（フロイトの欲動理論）を，広い意味と狭い意味の両方に用いた。広い意味，つまりその個人が自分の願望や葛藤や防衛を描画に投影するという一般的な考えと，狭い意味，すなわち特定の描画のある側面は固有の象徴的意味をもっている，たとえばペニスの象徴としての煙突など，である。しかしそこでは，理論的構成概念や概念が描画の解釈のなかに編み込まれる体系的連鎖がなかった。

ひとつの例外がジレスピー（Gillespie, 1994）の研究に見られる。その研究『母子画の臨床応用』では，母子二人一組の描画の解釈に関連のある理論を統合している。彼女は次のように述べている。

> さまざまの投映描画法が過去30年間につくりだされてきたけれども，解釈の一致についての研究よりもむしろ，予測の妥当性の方が，臨床経験における人気と有用性の源になっていたのは明らかである。理論は乏しく，そして重要ではなかった。(p. 9)

コフート（Kohut, 1971, 1977）と門下生たち（Basch, 1980 ; Chessick, 1985 ; Rowe & MacIsaac, 1989 ; Wolf, 1988）によって発展してきた精神分析的自己心理学は，投映描画法解釈の基礎となる優れた理論的手段を提供すると思われる。ここでは，描き手によって描画に投影されるものとは，自己表象（self-representation）に関する体験であり，同時に，自己対象（selfobject）によって与えられる体験の表象でもある。自己対象とは，発達段階に応じて，個人が自己を支え励ますために利用する，環境のなかのものや人のことである。その自己対象現象は，特定の自己対象欲求の充足に関するその人の体験と，その体験の源の両方に属している。以下の章では，単純化するため自己対象という語はこの両方に用いる。他の査定方法（ロールシャッハ，TAT，MMPI）については最近，ソラとスナイダー（Sola & Snyder, 1996）が，研究の方法論のための自己心理学的枠組みと，査定者に焦点を合わせた一組の基準とを用いた。彼らは，クライエントの体験を第一にすることを主張している。そのクライエントの体験を基にして，査定者は，査定者の個人的自己体制あるいは自己構造と，間主観的（intersubjective）な場とを共感的に結びつけるのである。このアプローチは，投映描画法の分析に自己心理学を使用する私の見解と完全に一致している。

　コフートは，内省は，人が自分自身の内界を観察できる唯一の有効な方法であり，代理の内省（vicarious introspection）つまり共感は，他の人の内界を知ることのできる方法であると信じていた。内省と共感は主観の世界を探る知覚的道具であり，外部の客観的基準に照合するのとはまったく異なり，その人の内的個人的体験にかかわるのである。内省と共感は，主観的資料を観察し集める手段である。コフートは，このように述べているなかで，内側からの資料と，外側からの資料つまり内省や共感以外の手段で被験者の外側から得た資料，とを区別した。主観的世界は，外側からの観察では把握できないけれども，ただ，外部からの観察方式が内省的方法を助ける可能性については，コフートは寛大であった（Lee & Martin, 1991）。この方針に沿うと，生活歴のような外側からの資料やパーソナリティ・テストのような客観的資料は，その患者の内界にある有効な手掛かりを──その出発点において──，心理学研究者や査定者やセラピストに与える。もし研究者が，その資料に対して共感的な

態度をとる，つまりその資料が何を表しているかを，外部基準だけでなく，その患者の立場になって見ようとするならば，その人の内的状態の表現である描画は，精神分析用の長椅子で語られた言葉と同じくらい資料として役立つ。事実，描画はアクセスが容易であり，言語表現が困難あるいは不可能な状況では，実際に唯一の情報源となる。

　自己対象の概念にくわえて，コフートが唱導した理論的構成概念には，少なくとも三つの要素からなる自己の定義が含まれている。これは本書にとっても重要である。そのひとつは，最も望ましい発達のために共感的自己対象から鏡映される（反映され，認知され，称賛される）べき子どもの顕示的誇大的（exhibitionistic and grandiose）欲求から成る。この過程は，しばしば"母親の目のなかのきらめき"を体験している子どもにたとえられる。そして自己が成熟してゆくにつれ，健康的な自己-評価，野望，自己主張となってゆく。第二の部分は，理想化（idealizing）の欲求から成る。子どもは，理想化し，力を得，苦痛を和らげるための強力な自己対象を求める。最も望ましいのは，この機能が，自己-鎮静力として，また自己対象の価値や理想を採択して内在化されることである。コフートは分身または双子欲求（alterego or twinship need）と呼ばれる自己の第三の構成要素を加えた（1984）。これは，子どもが自分に似た誰かのような体験をしたいという，つまり近似の欲求である。これが自己のなかで成熟し，自己は，共感的な自己対象との共有体験から生じてきた能力と技量を発展させるのが最も望ましい。

　投映描画法は，成熟した自己のこのような側面を明らかにする。他方，これまでずっと凝集的自己（cohesive self）の成長を妨げるような非共感的自己対象の影響を受けてきたため，発達上欠陥を残している徴候も明らかにする。映し返し（mirroring）が不十分で，理想化自己対象に効力がなく，接近が不適切であると，自己が断片化されその結果，認知や感情や行動の異常をもたらす。

　投映描画法の解釈にこれらの概念を用いている研究者たちが，コフートほか自己心理学理論の解説者の著作を綿密に調べ利用していることは予想される。

　本書で用いた解釈の枠組みは，主としてコフートによる自己対象基盤を中心においたが，ストロロウら（Stolorow et al., 1987, 1994）とリヒテンバーグら（Lichtenberg, 1989；Lichtenberg et al., 1992）による自己心理学理論の推敲

は，投映描画法の分析にこの理論を適用する根拠となる考え方を与えてくれる。

ストロロウらの間主観的場の理論は，査定者が描画に表現されたことの解明に没頭し，被験者の心のなかにあるものを顕在化しようとすると，そこでの主観状態の解釈には，査定者の主観状態が編み込まれるという，われわれの見解と一致する。

リヒテンバーグらは，体験を結実し行動を始める能力の観点から自己を定義したが，これは動機づけの考え方とつながる。彼が提案した自己を動機づける下位体系とは，①生理的要求を心理的に調整する欲求，②アタッチメント-所属の欲求，③探索と主張の欲求，④敵対あるいは引きこもりによる防衛的反応の欲求，⑤感覚的喜びと性的興奮。①を除いて，これら動機づけの諸要素は，描画のなかの人物によって自己-体制の行動的体験的表現として現れ，確認され，特徴づけることができる。

本書で示した解釈は，また，より広い意味での関係論的アプローチによって概念化されている。関係論的アプローチでは，自己-体験（self-experience）と重要な自己対象体験の側面は，ともに有効な動因である。その理論的立場は，対象関係論，対人関係論，そして実存主義理論を包含する（Bacal & Newman, 1990 参照）。

投映描画法に色を使うことについて，ハンマー（1958）は主として有彩色の導入に力をいれていた。彼は，鉛筆（無彩色）のあとにクレヨンを使うことで，解釈者はパーソナリティの異なるレベルに近づくことができると強調した。色彩投映描画法はパーソナリティのより深いレベルをあらわにするという。色彩は情動により近く，そして子ども時代の体験と結びついている。さらに無彩色のあとに続いて描くため，被験者はより脆弱な状態にいることになる。ハンマーは，無彩色描画よりも彩色描画がよくなっている場合は，好ましい予後指標であり，その反対は，より病的であることを示唆すると主張している。無彩色の描画段階は，被験者に，今-ここでの（the here and now），つまり今の"実際の"，知的情動的対人的生活経験を体験しているかのように，自己状態と自己対象の世界を表現する機会を与えていると仮定できる。一方，有彩色の描画段階では，自分が機能できる現実の個人的体験に近いレベルから，遠く隔たったレベルまでを示す機会を与えるように思われる。つまり有彩色の

段階は，情緒的表現により広い範囲を与え，日常的現実と機能的には同じだけれども，理想化された望みどおりの次元から恐怖や絶望のレベルにいたる体験の連続体にアクセスできるのである。

　本書での色彩使用をともなう解釈は，主として，ラッシャー（Luscher, 1969）の著作に従っている。それぞれの色の要素について，経験に基づいた彼の詳細な分析は，描画の主観的意味を明らかにしようとするわれわれの自己心理学的志向により近いと思われる。

　以下のページで分析する描画は，家─木─人間─その反対の性の人間─動物，の描画である。これらは，各像が，自己と自己対象体験特有の面と，その体験が生じてきた側面をあらわすであろうという理由で選んだ。

　これらの描画は，それぞれ異なる査定のレベルで，描き手の体験状態を共感する機会をサイコロジストに与えてくれる。たとえば，印象にもとづくレベルの印象分析では，家は冷たく見えるか楽しそうに見えるか，動物は獰猛に見えるかあるいは従順に見えるだろうか。

　各描画から，自己の特徴と自己対象経験を与えた人の特徴について，詳細に分析することができる。たとえば，その家は，描き手の暖かさや安全や援助の源を表象するかもしれない。入りやすさや近づきやすさ，安定性の点では，この家と結びついている重要人物――典型的には家族メンバー――が取りこまれているかもしれない。それに応じて，この自己対象に関する体験によって描き手は自己-構造に何を内在化させたか，安定性や安全性や近づきやすさの感覚が表現されるのは何なのかを示すであろう。同じく，男性像と女性像の描画は，描き手にとっての自己対象欲求を与えた人と自己-表象の両方をあらわす。自己対象欲求を与えた人の場合，画像は重要な他人についての印象と知覚，たとえば攻撃性，受動性，衝動性などをあらわす。特に描き手と反対の性の人物画の場合は，このことが当てはまる。自己に関しては，男性も女性も描き手の自己-イメージと自己-観念にかかわるような特徴を描く。

　樹木画と動物画は，自己対象の源よりもむしろ自己の特徴により近い。木は対人関係の潜在的能力，内的力，内的過程を含む自己-構造の包括的な像を示す。動物は，自己-構造のプリミティヴな面を照らし出す。自己対象の属性は，両方の描画に描かれる。たとえば，木の場面はその人の環境についての体験を，動物は描き手の体験世界における重要人物と関係がある。

第2章
投映描画法の実際―印象分析

　投映描画法は，どのような設定でも，多くの目的（たとえば，診断，査定，研究，治療経過）のために，そして誰に対しても使用できるが，本書で対象としたのは，投映法テストの知識と自己心理学理論をもった臨床家から治療を受けている成人群である。

　大人の多くは，絵を書くという発想にやや抵抗を示すであろう。これは，セラピストが描画を使用するなどということはあまり知られていないので，不適当な，あるいは，疑わしい感じがあるのかもしれない。このような異議に対する答としては，セラピストが，自分の関心は患者についての知識を広げることにあるのであって芸術的能力の評価ではない，と強調することである。また検査結果を患者に伝えることを提案するのもよいだろう。もし治療時間を描画に充当できそうになければ，患者は自分ひとりで描画を実施したり，続きを持ちかえって完成してよいのである（検査者による施行の教示と自己施行の教示は付録Aを参照のこと）。

　たいていのセラピストは，自分がコントロールできる範囲外で患者がこのように直接関与したり，体験をして情報を得たりすることは，治療関係や転移が妨げられるとして好まない。しかし，空白のスクリーンよりも共感的な波長合わせを強調する立場のセラピストたちにとっては，このことはあまり問題にはならないであろう。

　このように，心理療法という共同の冒険を進めるために，セラピストと患者の双方に役立つ情報を得る機会を患者に与えることは，配慮と知識の源として（理想化転移），また協同作業における二人一緒の仕事として（双子転移），セラピストに対する認知が高められる。

　もちろん，もし患者が描画に反抗的であったり，その導入が患者の共感を損

なう危険を感じたなら，描画の作業は，無期限あるいは都合のよい時期まで延期するのがよいだろう。

□ 印象分析

　患者が描画を終了したのちセラピストは，構造分析，つまり濃淡と不安の関連など絵の構成要素に固有の解釈に入る前に，まず描画のひとつひとつを，全体や部分について，印象水準で対応すべきである。
　その過程の一部として，セラピストは，患者が描画中に意識的・無意識的にどんな体験をしていたかを運動感覚的に共感するため，セラピスト自身の身体を使ってその木や人や動物のポーズをとってみる（あるいは，家の外観を顔の表情で示す）のもよいだろう。
　ついで，セラピストは描画を眺めると，"この家は幽霊が出そうだ"，"この人は可愛らしい"などの直観的で感情的な反応から，"この木はバランスがとれている"のような知的な反応にいたる一連の印象が得られるであろう。あるいは，"この家は空中に浮かんでいるようだ"のようにメタファーの形をとるかもしれない。さらにセラピストは，自分の私的反応についても考慮すべきである。たとえば"私だったらこの家（木，人，動物）は好きだろうか"，"私ならこの家に住みたいか"，"私はこの人に会いたいか"など。そして，患者が絵を描きながらどんな体験をしたかを，患者の身になって，その"感覚"を捉える形容詞や文章やメタファーで記録する（ぴたりの言葉を思いつく助けになるような形容詞一覧表を添付したので付録Bを参照のこと。この表に含まれていない形容詞や表現を加えることはもちろん自由である）。
　全体的な印象は，描画をくりかえし見ることによって，突然あるいは徐々に観察者に思い浮かんでくるだろう。このようにして浮かんできたことを，最初の印象で拘束されてしまってはいけない。観察をくりかえし，しかも最初の印象を変えたり修飾することをためらってはいけない。ときには，自分以外の観察者に任意の方法でやってもらうと，貴重な洞察が得られるかもしれない。
　印象分析は，投映描画法を採掘する十分かつ包括的な方法であることを目指してはいない。パーソナリティ理解のためには，印象分析と構造分析の両方を

実施すべきである。印象分析の以下の実例は，症例についての資料によって経過を説明しながら，投映法のデータを用いた共感的アプローチの方法を読者に紹介する。最初の印象は，被験者の主観的世界への探索の始まりである。そしてその印象は，次の構造分析を通して収集された個々の解釈的要素を意味ある全体にむすびつけるのに役立てられるのである。

□ 家屋画

Z. M. のケース

Z. M. は19歳の学生で，高圧的な父親と分裂病と診断された母親という家庭状況に関連したうつ病で治療を受けていた。

図2.1は，治療初期に描かれた彼の家屋画である（彩色画は入手できなかった）。印象は，不毛の，冷たい，空虚な住居で――寄りつきにくい，よそよそしい，閉鎖された――空中に浮き上がっている。彼は，自分の家族がここに住んでおり"1世紀の家で……非常に貧しい"と述べた。これは，自己対象環境についての彼の体験の表現として，また自己の無力感の反映とみなされるであろう。

図2.2は，治療開始1年後に描かれた。この家と背景は，活き活きとして，入りやすく，近づきやすい感じを与える。暖かさも感じられる。これは，治療環境が，それまで不足していた自己対象認知の源にとってかわっ

図2.1

図2.2

た，その体験を反映しているのかもしれない。しかし，目のような窓と，口のようなドアのせいで建物が顔に見え，その正面は悲しい感じがする。また，地線がなく不安定感を抱かせる。これらの諸側面から，自己-構造の不全が指摘される。

図2.3は治療2年後に描かれた。この家は大きさ，逞しさ，立体性，実在性を印象づける。われわれがここに感じるのは，自己-構造の反映として，内的凝集性と，誇大的顕示性を統合する能力をもち自己-評価が目ざましく改善された人である。

図2.3

G.G. のケース

G.G. は37歳で既婚の医学研究者，うつ状態の病歴が報告されている。これまで治療を数回受けており，現在はうつ的ではないが，"未完成の仕事を片づけるための時間"という理由で，再び治療に入った。彼は依存と完全な自己-不信を感じていた。彼が述べたところによると，父親はアルコール依存症で暴力的で，敵対的であった。母親は無関心で，中身のないつまらない人だった。

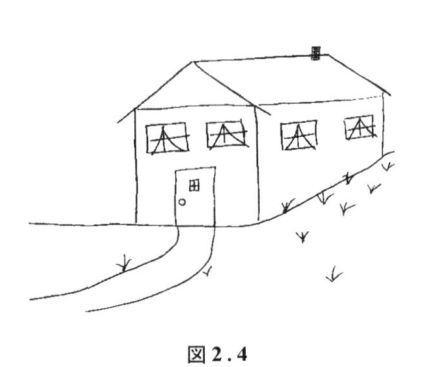

無彩色（鉛筆）の家屋画（図2.4）を見て，観察者は雑多な感じを受けた。すなわち，私はこれが特に好きでも嫌いでもない。味気なく，やや冷たく見えるが，険しくはない。近寄ることはできるが，家が引っ込んで建てられており，出入りはできるものの，何かしら防御的である。

図2.4

彩色（クレヨン）の家屋画（色図版1）を見ると，基本的には無彩色と同じ絵であるが，こちらの方がより自由でルーズで，あまり精密でない。ここには，測ったような厳格な感じは少ない。

私がこの印象分析の水準で取り上げたいことは，家族に対して深刻な義務感を負っているけれども，頑固さが減ってもっと人間らしくなるには，感情的な面（色彩）と接触させる必要のある人間ということである。"この家には誰が住んでいるのですか"，"これはあなたにどんな感じを与えますか"という質問に対する答えは興味深い。彼は，鉛筆画に対しては，①"家族，夫と妻と3人の子どもとペットの犬と猫"，②"逞しく安全で元気がよく温かい"，ついでクレヨン画に対しては，①"大"家族。夫婦（夫と妻）と4人の子どもと母方の祖母とたくさんのペット（犬たちと猫たちとハムスターたちと魚）"。②"感じは——混沌としているが，家のなかは温かい"と答えた。

図2.5

このように，治療を始めたころ，G.G.にとっての重要な問題は，義務の世界においては厳格あるいは収縮的になりやすい傾向と，その一方にある，より自由で満足した感情豊かな生活経験への願望とを調和させる必要であろうと，われわれは推測していた。治療1年後にわれわれは何を発見しただろうか。鉛筆画の家（図2.5）は活き活きとして，いろいろな物が溢れるほど描かれており，硬直した特徴はなくなった。

これはむしろ彩色画でさらに強調されている（色図版2）。質問に対する今度の答えは，鉛筆画については，"①家族，②大きくて頑丈で開放的で温かい"。クレヨン画については"①家族，②家からはとても良い感じを受ける——気持ちよくて，家のなかにも外にもたくさんものがある。ストーブの上の夕食のよい匂い，家のなかには大勢の子どもたち"であった。

G.G.の自己構造は，家庭の自己対象環境に関して，より柔軟で開放的になり，豊かさと暖かさが増したと推測できる。

□ 樹木画

X. N. のケース

ここにあるのはX. N.の樹木画である。X. N.は45歳の離婚した男性で，飲酒が増え，仕事と前妻からのプレッシャーと女友達から捨てられたときの自尊心の喪失が原因で治療に入った。彼は怒りと不安と"うつ"を感じていた。毎週1回の面接を6週続けたあと，隔週の面接が始まった。治療を始めて約9週間で，投映描画法を実施した。

無彩色の樹木画（図2.6）は，活き活きとして，現実的で，十分に成長しているが，外郭線をみたすだけの発達や内部構造なしに伸びている感じをともなう。また，幹は外観が粗雑で中途半端であり，地面との繋がりがしっかりしていない。患者は"100年たった元気な春の木"と述べている。

彩色の樹木画（色図版3）は，何となく活気があり，一見すると"クリスマス気分"のようである。しかし，根がなく，接地せずに浮遊しているように見える。患者は"1年も経たない非常に若い木で，枯れている。時期はクリスマス（冬）で，消防署の敷地に置いてある"と述べている。

このように，治療の始め頃の無彩色の樹木画は，日常世界での自己概念の反映として，努力と希望と内的不全の混じり合った感じを与える。感情（彩色）レベルでは，さらに絵は混乱している。色彩は活き活きしていて活気を感じさせるが，内的な空虚感と根無し草感がある。言葉による説明には，抗しがたい抑うつ的孤独感が反映されていた。

隔週治療を約4年間つづけたのち，X. N.に再び投映描画法を実施した。無彩色の樹木画（図2.7）は，まるで環境のなかで跳び上がっているかのよ

図 2.6

うである。枝は，怒っているようで，せわしなく流動して見える。この用紙（つまり環境）が，かろうじてそれを包んで（contain）いる。しかし，地面にはしっかりと根づいている。この木について患者は"40年間生きていて，時は早春"と述べていた。

感情表現の機会を与える彩色描画（色図版4）では，環境のなかで流れるように枝をのばしている感じがより強くなっている。幹がスリムになったのは，努力への意欲は強いが，それが持続する可能性との間でバランスがとれていないことを示唆している。しかし無彩色の木と同じく，木の根元の確かさは強さ（strength）の感じを与えている。

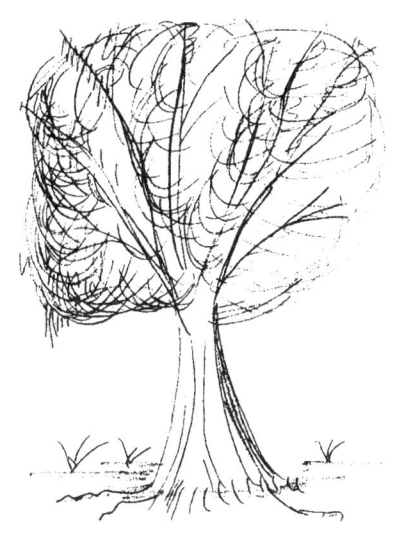

図 2.7

この二組の描画を比較すると，X. N. が，強固に統合された自己-構造の文脈のなかで，いかに多くの誇大的顕示的努力をあらわすことができるかを感じさせる。

なお，X. N. の2度目の投映描画法の際，彼は労働条件に関して明らかに怒っていたが，その一方で，新しい結婚についてはきわめて幸福であった点を考慮しておかなければならない。

□ 人物画

N. T. のケース

N. T. は28歳の女性で，治療に入ったときは，何とか苦労して頑張っている女優だった。離婚したばかりで，自分は愛されず愛することもできないと感じていた。父は，彼女が幼い頃に家族を捨て，母は以後再婚せず，N. T. のことに没頭していた。

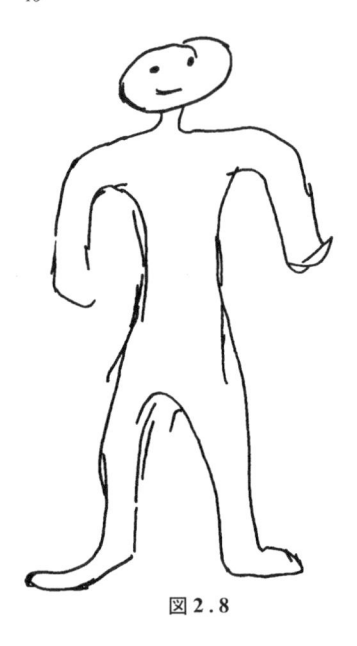

図2.8と図2.9は，1回目の男性像と女性像の無彩色描画であるが，空虚で，形が悪く，不十分で，無表情，単純に見える。それはあたかも"私は努力のための努力に値しない"と彼女が言っているようである（このケースでは彩色の描画は描かれなかった）。

男性像については，年齢は12歳で"陽気な感じ，真面目すぎる考え方はしないが，やる価値がないからなおさら楽しみだけにやるような何かを探している。地面にしっかりと立って構えている――今にも身体を動かし始めそうな"と説明している。

女性像は，17歳で"気の抜けた様子で，鈍く，ぼんやりして，満足してしまっている。何かをしようという風にはみえず，ぼんやりと座って暮らす感じである"と説明した。

N.T.は，男性の役割を，意識的により自由で強く積極的なものとして理想化してきた。これは，女性の役割に対する侮辱的見方――転じて彼女自身の自己像――と対照をなしている。毎週1回の治療の1年後，まったく異なる絵が現れた。図2.10の男性像は，ぎょっとするような攻撃的，脅迫的，悪意の目つきで，おそろしく危険な様子である。図2.11は女性で，敵意のために用紙から飛び出さんばかりであった。

男性像は，今度は20歳代の前半であると説明した。しかし，視覚的印象の恐ろし

図2.8

図2.9

さに触れていない。"彼は，肉体労働をしている非常に荒っぽい人。何かしようと構えていて，今にもやりそう。彼は何も感じていない。元気すぎるというわけでもなく，ただ生活しているだけだ"と述べている。

女性像は30歳から35歳で"口が開いている。お喋りで，彼女のことをそれほど気に掛けていない人に対しても自分のことを何でも話す。感じないために話している。何を感じているかを考える時間がない"。

以前と同様，男性の役割を女性よりも高く評価している。これらの描画は，自己対象欲求充足の源から共感的波調合わせを得られなかった彼女のこれまでの潜在的な憤怒が治療によって，開放された結果であり，また，治療者との転移関係における体験を反映していると思われる。

1年後，今度は女性像（図2.12）を先に描いた。大雑把で形もよくないが，その姿は力強い肩と腕をもち，ゆったりとしている。表情は優しい。掌を外に向けて"じゃあ，これでどうですか？ あなたは私に何を期待しているのですか？"というような感じを受ける。彼女はこの人物を"若くて，無邪気で，挨拶をしているように腕を広げている。特になにもないけれど"と説明した。それ

図 2 . 10

図 2 . 11

はまるで彼女にとって始まったばかりの，もう怒りはなく，力と漠然とした希望が生じてきつつあるような感じである。

男性像（図2.13）は，女性像の分かれた指とは反対のミトンのような手をもっていて，温和に見える。彼は2本の足で自力で立つことができ，肉体を強調して描いている。N.T.は，"この男性は私が描いた女の子のような身体つきです。彼の場合は筋肉が逞しい"と述べている。

これらの人物像は，転移の変化をあらわしており，彼女自身の強さが，体験に鏡映されより大きな身体的能力をもつものとして——つまり理想化された男性的役割により近いものとして——彼女は自分自身を体験しているのである。

治療約3年半後，N.T.から最後の一組の描画を受け取った。図2.14の女性像にあてはまる形容詞は，活発な，機敏で，近づきやすく，断定的，穏やかな，有能で，自信たっぷりの，女性的で，自由な，友好的で，幸せで，健康な，理知的，正常で，開放的で，平和で，愉快な，物静かで，現実的で，健全な，頑丈で，強く，温かく，若い，である（付録B参照）。彼女はこの絵について"30歳代で，歩いている。良い気分を感じている"と述べている。

男性像（図2.15）は，不安そうな，何かを気遣っているような表情をしている。この像の右手指は分岐があいまいで，着ているものも，女性像ほど識別できない。こ

図2.12

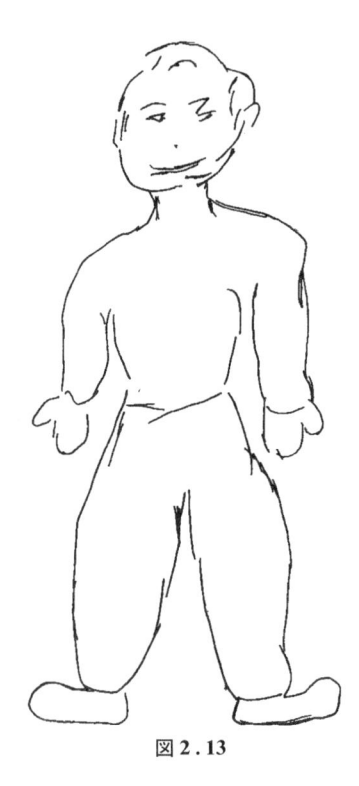

図2.13

の男性についての説明は"彼は30歳代で，これからランニングをしようとしているところで，気分は充実している"であった。

以前の描画とくらべてみると，今回の絵は両方とも，性的により成熟し，人間らしさが明確になっている。女性像は性的な面でいくらかの葛藤があらわれているが，N.T.の描画の全体的進歩は，改善された自己-構造についての強い感情と確かな健康感を与えている。

この頃，N.T.はある男性との関係で問題はあったが，仕事の面では大きな成功を得ていた。

E.K.の例

E.K.は25歳の新婚の男性で，妻と一緒にカップルでの治療に入った。妻は，彼が怠け者で軽率であるという不満を訴えた。性生活はまったくなかった。E.K.はビジネス・スクールの2年目に在籍(医学部の試験に失敗したため)，肥満しており，受動的-攻撃的で，抑うつ状態であった。成功した内科医の父と主婦である母のひとり息子で，同胞中の真ん中の子どもであり，経済的にはすべて両親に頼っていた。父は自分に対し冷淡で失望しており，母は姉や妹たちの方を偏愛していると感じていた。

この夫婦は1週間に1回，約9カ月間，面接を受けた。夫婦面接は，E.K.の妻が離別したときに終わったが，彼の方はひと

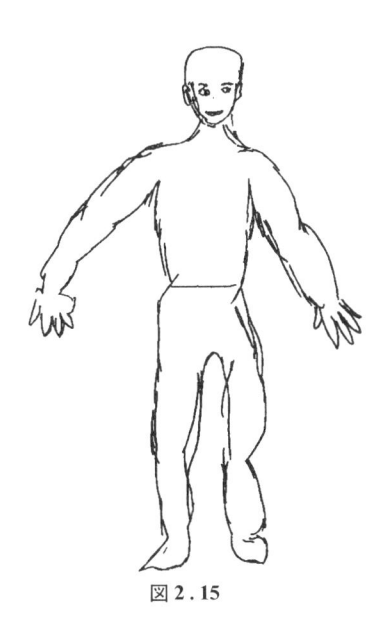

図2.14

図2.15

りで毎週の治療を続けた。

図2.16と図2.17は，彼が個人治療を始めたときに描いたものである。印象的には，男性像・女性像ともに典型的な"sad sacks"〔訳注：第二次世界大戦中のジョージ・ベイカーの人気漫画の主人公の名で，のろま，へま，の代名詞〕に見える。両方の画像ともに不安，心配，抑うつ的，鈍い，不適格，孤独，意気地がない，悲しそう，服従的，ひっ込み思案，など否定的な形容詞ばかりが当てはまる。

E.K.によるとこの男性像は"25歳で，あまり評価されていない。悲しそうで，ちょっと驚いているように見える――悪いニュースを聞いて。彼はそっくりそんな風です"と述べた。

女性像は"25歳で，彼女の顔にはまったく表情がありません。ただそこに立っているのです"。それにつけ加えて"この絵は好きではありません。胴が細すぎます"。

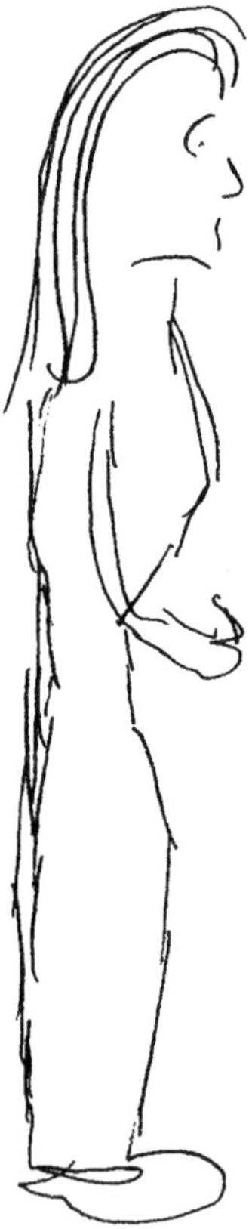

図2.16

図2.17

この両方の像を自己表徴あるいは自己対象支持の源として考えると，E.K.の描画は，まったく途方に暮れた"かわいそうなやつ"に見える。

ほぼ1年後のE.K.の男性像と女性像（図2.18と図2.19）は，改善していない。男性像は，さらに受動的になり気力に欠けている。"25歳で机に座っているところ。特に何ということではないのだが，ちょっとうろたえて，こわがっているように見える"と説明している。

女性像は"25歳で，何かをしているのではない。ただ立っている。何も考えていないし，感じてもいない"。

その後1年少しの治療が，描画によい反応を引き出すようになった。無彩色の男性像（図2.20）は，活き活きとし，機敏で，付き合いやすく，気さくで，幸せな，男性的で，明るく，温かく見える。座っているけれども，受動的には見えない。"足を組んで座っているところ。彼はとても喜んでいる。私と同じ年齢（27歳）で，顔には明るい期待があらわれている"と説明している。

このとき初めて彩色画が得られた。男性像（色図版5）は，写実的な自画像を描こうとしている印象を受けた（この患者はどことなくこの画像に似ている）。ポーズのことを取り上げると，両手が性器を守っているような感じがする。この人物は，この両足で頭や胴を支えるのはまったく不可能に見えるほど頭でっかちであり，耳，腕と手，足を色濃く強調して描いている。"自分の2本足で立っている（自立している）ように見せることができるだろうか"とその人物はほのめかしているようである。

無彩色の女性像（図2.21）は，楽しそうで期待に満ちた様子をしている。彼女は豊かな胸をしているが，し

図2.18

図2.19

かし下半身はどこにあるのだろうか。彼女は"25歳で，それほどたくさんのことをしているわけではない。彼女が何を考えているのかわからない。ただそこにいるだけ"。これは前の画像より温和だが，その場かぎりの感じで，日常的なレベルでは女性の自己対象についてはまだ曖昧な感じである。

彩色の女性像（色図版6）は，これまでで最もまとまった人物である。バランスのとれたサイズであり，配色にもむらがないのが印象的である。魅力的で，機敏で，有能そうに見える。"25歳で，誰かを探して立って待っているところ。心配している"と述べ，E.K.は"色をつける前は骸骨のような顔だった"とつけ加えた。

図 2.20

数年間の治療のあとで，まだ不安と自信の無さは残っていたが，E.K.のこの描画は，社会に挑戦しようとする準備状態にあることを示している。女性の自己対象に関しては，恐れを乗り越えて，生活のなかで自分の感情を生き返らせるために，感情表現（色彩）の機会を求めているように思われる。

約6年間の治療後，図 2.22 と図 2.23 が得られた。無彩色の男性像は，機敏で，バランスのよい若い男性の実像のように見える。強調された指が，唯一調和を欠いている。"25歳で，立っているだけで何もしていないし考えてもいない。ちょっと驚いているようだ"と説明している。E.K.は，"現実の"社会における自分自身の経験によって，社会参加の能力について，しっかりしてはいるが，やや不安定な感じをまだ

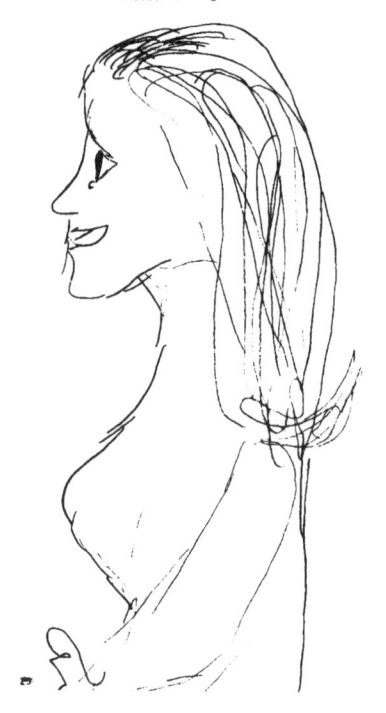

図 2.21

第2章 投映描画法の実際―印象分析　23

図 2.22　　　　　　　　　図 2.23

残している。
　無彩色の女性像は，何かしら人を寄せつけない様子を示している。姿勢は，バランスの崩れ，あるいは後退を感じさせる。この女性像について，彼は"25歳で，自分の顔がどうしてこのように見えるのか不思議に思っている（私は魅力的な女性を描こうとしたのだけれど）。彼女はある男性を探している。男性を待っている。彼が来るかどうか気づかっていて自信がなく，疑っている"。"現実"世界における彼の女性自己対象体験のせいで，E.K. はすぐに

も女性の自己対象に接触しそうでいて，まだ認めてもらうには準備不足と感じているようである。

色図版7（色彩男性図）と色図版8（色彩女性図）は，治療過程においてE.K.の自己成長と自己対象関係が進歩したことを最も完全に表現している。

男性像は，きわめて正確な自己表徴である。E.K.は，会計士としての有望なキャリアを捨てて，大学の医学進学課程に戻り，医学部にいる間に，60ポンド以上痩せた。この人物像は，自身の2本の足で自立できる成熟した若者の"明晰で冷静な目つき"をもって世界を眺めている。彼は"しっかりとした背広とネクタイ"を身につけているが，脚はまだ十分な支えとしてはやや不安定に見える。この人物に関して，"25歳で何かが起きるのを待っている。彼が何を考えているか私は知らない。彼は心配している"。

クレヨン画の女性像は可愛らしく"ファッショナブル"だが，やや後ろに傾いている。表情はちょっと悲しげで，その原因は手が不安定な感じのせいである。彼女は"25歳で，泣いているように見える。手を切った。怪我をしている"。

ここでの感情（色彩）表現の機会が，女性の自己対象に対するE.K.の認知を軟化させた。"彼女はどれほどのことを私に与えられるか"，"与えることに痛みはあるだろうか"と。これらの疑問は，離婚後，E.K.の数人の女性との経験を反映しているかもしれない。それらの関係はポジティブにもネガティブにも，前妻との間にはどこにも見られなかった複雑さをもたらしたのである。

かくて，E.K.の人物描画は，心理療法の間に強化された彼の自己-構造と自己対象関係性の発展を反映しているといえる。最初の二つの"sad sacks"と，最後の"人間"を比較すると，絵という作品を通して，ひとは変化と成長の可能性を明らかにする能力があることを立証できる。

□ 動物画

B. M. の症例

B. M. は23歳の警備員で思考障害の症状を示していた。幼いころに孤児になり，祖母に育てられたが，その祖母も最近亡くなった。学校では勉強せず，

友達もなく性的経験もなかった。彼が何か脅しのような行動をしかけてくるので女性の同僚たちが受診させた。巨大な男で，内省力や判断力は乏しいが，これまで行動化の履歴や病歴はなかった。

　図2.24は治療の始めに描かれたもので，無彩色の動物の犬である。身体と姿勢は，強さと過剰な警戒感を呼び起こす。けれども，私はすぐに頭の上部が口の辺りよりもかなり小さいことに気づいた。口のなかの舌は確かにペニスの外観をもっている。印象：B. M. は卑猥な話をし，自分自身を監視したり統制する精神的能力をもっていない——ちょうどこの頃彼は仕事でごたごたを起こしていた。

　クレヨン画の動物像（色図版9）は100歳のコウモリで，黒色だけを使っている。最初の印象は，ぎょっとするような威嚇を感じるが，近づいて顔を見ると，私には無害な赤ん坊のように見えたのである。

　この描画は，B. M. の自己‐構造と世界‐内‐自己（self-in-the-world）を具現しているように思われる。何としてでも注目されようとして，認められるために自分の大きさと強さを利用しようと試みるが，彼のそういうコミュニケーションの試みがいかに歪んでいて不適当かを理解する力に欠けている。祖母という自己対象の支持を失って，解体不安が性衝動の高まりをもたらしたのであろう。

　感情レベルでは，彼の恐れや不快気分は他人を怖がらせるという補償作用を引き起こすが，攻撃よりもむしろ頼るもののない無力感と，逃避傾向を優位にしている。

　1年の治療の間，彼は理想化された自己対象への転移で，自己‐強化に効果を示し

図2.24

図2.25

た。そのときに，図 2.25 の無彩色の馬と色図版 10 の彩色の犬を描いた。

　馬は強さを示しているが，温和というより"間抜けな"表情をともなっている。これが暗示しているのは，役に立つ悪意のない動物である。

　クレヨン画の動物は，バランスよく，動いて昇っている感じを与えている(階段との位置関係は重力の法則を無視しているが)。強調点は，口の回りに見られる。しかし，それは閉じたままである！ さらに茶色を塗ったことと，"私の犬のピーター"という風に個人の所有としたところに温かさが見られる。

　結局，治療によって，彼の誇大的顕示的欲求をより適当なチャンネルに導くことで，この患者は恐れの減少を経験できるようになったことを描画は示している。

第 **3** 章

投映描画法の実際──構造分析──一般的因子

　印象分析は，投映描画法が描き手のどういう自己-状態をあらわすかを，検査者が素早く看破することを可能にする。その一方，構造分析は，構造的な側面に関して詳細に分析する。構造的側面とは，すなわち，描線の性質や濃淡，大きさ，位置，色彩解釈，そして画像全体と各部分のさまざまな特徴との関係，たとえていうと，家に対してのドアや窓や通路など，である。

　この分析は，個人の自己-構造と自己対象世界を体験する仕方，またはそのいずれかについて詳しくより包括的な説明を与えてくれる。

　描画の構造的側面，あるいは個人の描画作業のやり方は，描かれた実際の内容よりももっと意味があるかもしれない。これらの側面は，芸術的能力が高いほどより健康的な描画があらわれるのではないかというような，投映描画法の解釈を芸術的能力の面から否定する議論をある程度広めることになる。

　しかし，たとえば，どの部分がより濃くあるいはより薄く描かれたか，その部分にふさわしい大きさはどれくらいなのか，どんな色が用いられたか，などに検査者が焦点を合わせると，芸術的能力とは関係なく描き手のパーソナリティ特性が浮かび上がってくる。ドアや窓の強調，人物像の腕の長さの不一致，特異な細部装飾，用紙の隅っこに置かれた木などの構造的側面が，検査者の目にとまり心をとらえ夢中にさせることが，描き手の主観的世界への鍵となるのである。

□ 描画全体像に関する構造的特徴の解釈

　文献では，投映描画法の構造面の意味についていくつかの基本的な一致を見

ているが，これらの寄与を支持する実証的証拠の基礎となるものはない。

　しかしながら，自己心理学のアプローチを適用するならば，投映描画法の解釈者は，描画の過程を通して描き手の特徴的な体験を見抜き，何がつけ加えられ，何が省かれ，何が強調されたかなどによって，描き手の主観状態への洞察を得ることができる。

描線の質と濃淡

　さまざまの形を描くために引かれた描線あるいは輪郭線は，弱い軽いから強い濃い（または加筆補強された）までにわたる連続体上にある。描線はまた，スケッチ風に描かれることがある。これは，a）"弱いスケッチ風"—弱々しく，途切れているか羽のようで，引き締まったしっかりとした線ではない。b）"力強いスケッチ風"—力強く，連続した線のように見える"芸術的"な短いストロークで描かれている。

　描線はまた，震えて，振顫の症状を示唆するような，波状あるいは痙攣状に描かれることがある。そのほか，抹消されたり，書き直されたり（鉛筆のみ），重ね書き，つまり書いた線の上を濃く加筆するのではなく不完全に新しく上書きした線，でたらめにリング状にくりかえす"なぐりがき"が含まれる。これらのバリエーションは，描線だけでなく鉛筆やクレヨンで中を塗る色調の濃淡にも用いられる。

　一般に，描線の特徴や濃淡のバリエーションは不安と関係があると見なされている。検査者が描画に共感的な態度をとる，つまり描き手の立場に自分を置いてみると，"不安"について一般的概念以上のものを得ることができ，描き手が自分のイメージを紙の上にあらわそうとして何を経験しているかを感得できるのである。そしてイメージはその概念に付与された感情的連想と認知的連想の両方に満たされているであろう。

a）適度で力強いか，あるいはそのいずれかのスケッチ風描線と濃淡について。 鉛筆またはクレヨンの適度な筆圧は，安定，冷静，急がない，強制されていない感情を引き出している。これは，その描画が表象しているものに対する描き手の感情表現が最適であると見なされる。

　しっかりしたスケッチ風の線あるいは濃淡は，最適な表現であるうえにさら

に敏感さが加わるという微妙な違いがある。

　b）**濃い，あるいは補強された線や濃淡**は，熱心さ，プレッシャー，力，つまり，緊張感をあらわす。

　c）**ぼんやりとして弱い，またはそのどちらかであるスケッチ風の線や濃淡**は，ためらいや疑い，優柔不断，すなわち不安定感を引き出している。

　d）**鉛筆による抹消と書き直しの線**は，自己批判を意味する。書き直し方によっては，自信喪失感が加わる。

　e）**重ね書きとなぐり書き，あるいはそのどちらかである線や濃淡**は，性急で，我慢のなさ，不注意を示すが，その根底には不安回避と思われる不適切感がある。

　f）**震えの線**は，たやすく共感的に反応しようとしない，最適の領域の外側，あるいは上述の不快な感情状態にあることをあらわす。これは神経学的障害の可能性をともなうか，現在その状態にあると考えてよい。

サイズ（大きさ）

　描かれた対象物や形の大きさは，非常に大きい（巨大）から，平均より上（大きい），平均（普通），平均より下（小さい），非常に小さい（極小）までの範囲にわたっている。文献では標準化された基準の記録はない。その代わり，本研究では，8 1/2×11インチ〔訳注：日本ではA4判〕の用紙の大きさと全体像の関係，全体像と各部分との関係をみる。さらにサイズについては，検査者が描き手の体験のなかに自分自身を共感的において，その主観的感覚に基づき判断する。

　サイズのバリエーションに関しては，その主観的特徴に焦点をあわせると，全体的なサイズは，描き手の適応感と，社会における自分の位置や自分がどのように見られているかの適切感に関係してくる。これは自己と自己対象について言えることである。

　a）**平均あるいは普通の大きさ**は，自己と自己対象の最適の適応感，つまりコフート流にいうと，誇大性／顕示性の妥当な水準にある自己，あるいは同様の自己-構造をもつ自己対象，またはそれらの欲求を認知できる人，をあらわしていると思われる。

b）非常に大きい（巨大）サイズは，過活動感情のあらわれで，他人の目を意識した能力以上の努力を意味する。もし画像が用紙からはみ出しているならば，環境によって締めつけられ閉じ込められているという描き手の感情をあらわす。過補償的な誇大的あるいは顕示的行動による鏡映への過度の欲求のため，充足感が得られないことを示唆している。もし描かれた対象が自己対象と同定されるならば，大きいサイズは，常に理想化の過補償的欲求を示す。

c）大きいか平均より上のサイズは，理想化欲求あるいは鏡映欲求を満足させるために適度な努力以上の努力をいとわないことを意味する。

d）小さいあるいは平均以下のサイズは，描き手の能力や適応性の低下感に由来する努力の抑制あるいは引きさがりを意味する。これは，鏡映欲求や理想化欲求に自己対象の満足を利用することが少なかった描き手の体験によるかもしれない。

e）非常に小さい（ちっぽけな）サイズは，最小の努力，強い萎縮，孤立とうつの世界への引きこもりを意味する。これは，枯渇した自己か，自己対象欲求充足感が極めて少なかったかのいずれかをあらわすであろう。

全体に対する各部分のサイズについての解釈は後の章で検討し，例証することとなろう。

位置

被験者が用紙のどこを選んで画像を置くかは，いろいろな可能性――中央，脇，隅，上か下――が考えられるが，それは被験者が環境のなかで自分をどのように位置づけているかの主観的感覚に関係している。

a）中央の位置。これは安全感，信頼感，存在感，現実感を伝える。これは，今-ここにおいて関わる能力である。実際の位置はいくらかは中央から逸れているはずで，むしろ完璧に真ん中の位置というのは，安全のためすべてに完全なバランスを必要とする頑固さを意味する。

b）左の位置。全体像が，総じて，あるいはほとんど，中央の垂直線より左に置かれている場合である。左は，発達のより早期の位置に向かっていることを意味し，自己-鎮静の感情状態を得たいか，あるいはある種のサポートを与

えられたことのある自己対象体験を描きたいための，過去体験への回帰欲求を意味する。

　c）**右の位置**。全体像が，中央の垂直線より右に置かれている場合は，将来へ向けての動きを感じさせる。中央の位置の場合のように直ちに行動するのではなく，むしろ自己あるいは自己対象体験が前進することを考えたり想像するのである。

　d）**上部の位置**。全体像が，ほぼ中央の水平線より上に置かれている場合には，"雲のなかにいる——空想にふける"ことによって，"今-ここで"の体験を巧みに回避する，すなわち，自己-経験か自己対象体験のどちらかのなかで，過度の幻想をもちいる。または，代償として，幸福感をともなった世俗的な"出世や上昇"感に同調することもありうる。

　e）**下部の位置**。全体像が，ほぼ中央の水平線より下に置かれている場合には，具体的な，おそらく不快な方法で思考や情緒状態が制限され，"地下に留まっている"ような感じが補償的に生じている。

　f）**隅の位置**。全体像が，総じて，あるいはほとんど，用紙の縦横4分の1よりも小さい範囲で隅の部分に閉じ込められている場合で，その主観的感情は，"今-ここ"への参加から身を引いている感じや，恐怖感，そして信頼感の欠如である。

　　左上の隅は，退行的幻想を強調している。
　　右上の隅は，未来指向の幻想を強調している。
　　左下の隅は，過去にかかわる抑うつ状態を強調している。
　　右下の隅は，未来への失望を強調している。

　全体像の各部分の位置に関しては，さらに詳しい解釈を後の章で検討し例示する。

色彩

　彩色描画は，鉛筆をまったく使わず，8色のクレヨンを使うが，実際の使用本数は自由である。色は，青，緑，赤，黄，紫，オレンジ，茶，黒である。前述したように，色を用いて描くと，鉛筆だけの場合よりも，描き手により広く

主観的体験をあらわす道を開くように思われる。どの色を取り上げて使うか，どのように広く，あるいは選択的に使うか，どんな線や陰影に色が使われるかは，描き手の感情表現能力について貴重な手掛かりをもたらす。

全体像に関して，もし1色しか使わなければ（あるいは1色と黒），その画像の象徴に対する感情の制限——つまり圧縮の感情——である。5色から6色以上使うのは，描かれた対象によるが，抑制のない——不安定な——感情の関与である。2色から4，5色の使用は，感情の自由と柔軟さを意味する。

クレヨンの使い方にも意味がある。もし1本のクレヨンが主として輪郭のために使われ，中の色づけに使われなければ，感情的なかかわりが皮相的であるか，感情表現へのためらいか，内的感情状態の表出に不同意あるいは抵抗の反応と考えられる。

描線や濃淡のさまざまな次元，すなわち，普通，強い，弱い筆圧，書きすぎ（誇張して描く）などは，以下の色彩そのものの解釈に，前述の感情特性——たとえば，感受性，緊張感，不確実感など——が加わる。

用いられた8色の主観的な意味については，描き手のどんな経験がその色を使用させたかを理解するため，ラッシャー（Luscher, 1969）の分析を基にする。以下は各色の経験的特性を要約したものである。

青：この色は，静けさ，平和，平安感を引き出し，空や海の連想が解釈に加わる。青色はまた満足感を引き起こす。表層的なものよりもむしろ深層の感じを伝える。もしも青色が広範囲に，あるいは不適切に用いられたならば，穏やかで平和で静かな整然とした環境への過大な欲求に関係しているかもしれない。それはまた，傷つきやすい傾向を反映するであろう。

緑：この色は，活気と開放感を引き出し，成長と金銭を連想させる。それゆえラッシャーが"意志の柔軟性"とよんだ，つまり自己保存（self-preservation），持続性，自己主張，頑固，自尊心と結びつく。もしも緑色が広範囲に，あるいは不適切に用いられたならば，自己主張や，自分自身（自己対象）の理想化の持続と依存によって，あるいは他人の承認によって，自分の価値の確実さが増大することを願望していることを示す。それは過度の誇大的-顕示的奮闘努力を反映する。

赤：この色は興奮と欲望の意味をあらわす。活動，というよりむしろ衝動感を与える。赤色は内臓（血液，心臓）の特徴であり，それは攻撃と性の両方あるいはそのどちらかを連想させる。赤が内包する意味は競争，成就，成功である。もしも赤色が広範囲に，あるいは不適切に用いられたならば，描き手自身の諸活動が生活すべてに緊張感をもたらしていることを示唆する。

黄：この色は，憧れとくつろぎの感じを伝える。太陽との連想で期待感（楽しみに待つ）や爽快感がある。また，自発性の感覚でもある。もしも黄色が広範囲に，あるいは不適切に用いられたならば，重荷や拘束から開放されたいという過度の願望と，より大きい幸せへの希望や期待に関係している。

紫：この色は，赤と青の混合であり，赤の衝動性と青の穏やかさの感覚の両方の結合である。描き手は，他人から，特殊な珍しいユニークな人として注目承認されたいと願っている。この色を使うことには，無責任さと未熟さの要素もある。広範囲な，あるいは不適切な使用は，"魔術的"関係を獲得したいという過度の願望，自分自身に魅力を添えると同時に他人を魅了し喜ばせたいという願望につながる。紫色の"王者"の連想は，他人への支配願望あるいは自分には称賛を受ける資格があると感じていることを意味する。

オレンジ：ラッシャーはこの色については検討していない。黄と赤の混合色として，矛盾した感情，すなわち，黄色はくつろぎと希望，赤は行動と興奮をよびおこす。このように，オレンジ色はアンビバレントな感情に関係している。広範囲に，あるいは不適切に使用されるならば，過度の優柔不断を示す。

茶：この色は土への連想を示唆する。そのため定着感と安全への欲求をあらわす。ラッシャーは茶色を身体感覚，つまり身体的なリラックスと安楽さの欲求に関係づけた。これはまた，対人関係の安楽さと安全の欲求にも当てはまる。茶色が，広範囲に，あるいは不適切に使用されると，不安定感を示唆する。

黒は色の否定であり，無や消滅感を伝える。黒はまた，夜，未知，恐怖，邪悪を連想させる。ラッシャーによると，黒色の使用を好むのは，"当然そうあるべきものがないと感じている現状に抗議するためにすべてを放棄する"願望を示しているという（p.80）。広範囲な，あるいは不適切な使用は，強い不満，不快，そしてうつの感情と関係している。

色彩の多くは，期待される，あるいは通例の使用法がある。つまり煙突の赤，葉の緑，木の幹の茶，そして黒は対象物の輪郭線である。このような使用は，上で示した意味をふくまない。

□ 各像に関連する構造的特徴の解釈

投映描画法の各像——家，木，人，その反対の性の人，動物——については，無彩色と有彩色ともに，それぞれが内包する意味を詳細に分析することができる。これら各像は，体験的，象徴的あるいは隠喩的性質によって，自己あるいは自己対象表象独自の特徴を反映する作用を引き出す。これら各像の解釈は，構造的特徴によって修飾されたり増幅される。たとえば，もし家屋画のドアが，主観的には近づきやすさ・受け入れられやすさを感じさせ，さらにその描線がいかに明るく，あるいは暗く描かれたかによって，接近してくる人への描き手の不信感や緊張感をわれわれに伝えることができる。前節で検討した構造的特徴——描線の質と濃淡，位置，色彩——の解釈は，全体としての描画と同様，本質的には各像の分析にも適用できる。

各像の特徴は，描画によって表象された自己あるいは自己対象についての理解に，さらにその体験的特性が加わることによって，識別され，推敲されていくであろう。

コフート（1977）は，自己愛人格障害の精神病理を検討し，①一次的欠損，子ども時代に獲得される自己の心理構造，つまり自己評価や自己満足などにおける欠損，②二次的構造-形成，これもまた子ども時代の早期に作り上げられるもので，コフートは防衛的構造，補償的構造と呼んでいる。

a）防衛的：単独で主要な機能が自己のなかの一次的欠損をカバーする場合。たとえば抑圧，抑制，否認。
　b）補償的：単に欠損をカバーするよりもむしろ，この欠損を補う。それは独自に発達し，パーソナリティのひとつの極にある弱さを埋め合わせることにより，自己を機能的に修復する。たとえば自己顕示的で野心的な欲求は，他の極，たとえば理想化の欲求を強化することによって自己を修復する。

　構造的に描画の特徴を吟味することで，検査者は，この一次性欠損の心象や臨床像と，その個人が自己再建にいたるまでに成長した防衛的補償的二次構造を知ることができる。
　描き手が，描線の質，サイズ，色の選択などさまざまな特徴をどのようにあらわすかによって，描き手の感じた体験を，検査者に伝え，そして検査者から引き出すのである。
　自己構造のこの模式図は，欠損や防衛や補償の構造だけでなく，最適に機能している健康な構造の判定もふくんでいる。

第4章

構造分析—家

家に関係のある部分は以下のものが含まれる。

- A．扉
- B．通路
- C．基線と地面の線
- D．窓
- E．壁
- F．屋根
- G．煙突
- H．周囲
- I．その他

□ A．扉

　扉は，人が住んでいる場所へ他人が出入りすることを許す——つまり外界とのアクセスの機会を得るという主観的意味をもつ。このような自己（あるいは自己対象）に関連した特徴は，近づきやすさと称してよいだろう。

省略
　家屋画から扉が省かれている場合は，他人を中に入れたり自分自身が外へ出ることへの強い抵抗，孤立，自己への引きこもり（あるいは自己対象のこのような経験）を意味する。把手のない扉は他人を受け入れることについての躊躇

あるいはアンビバレントな感情を示している。

家の基線と扉の接合
普通は扉の下の線は家の基線と同じ高さである。そのように描かれないのは，出入りしやすくしたいのかどうか確信がなかったり，アンビバレントな人の感情を伝える。

サイズ
大きなサイズ（すなわち，扉が壁のサイズに対して不釣り合いに大きすぎる）は，自分が近づきやすい人間かどうかの潜在的な不安を，むしろ開放的であることを誇張することによって過補償していることを意味し，その結果，人とのつきあいに過度に熱心になっている。

小さなサイズは，他人を中に入れることへの抵抗感をあらわす。

細部装飾
扉には把手だけが描かれるのが普通である。その他には，模様，羽目板，ポーチ，枠，柱，窓，郵便箱，ノッカー，数字，標識，ベル，階段がある。細部装飾の数が増すのは，近づきやすくなるための熱心さや関心を意味し，たとえひとつの装飾でもそれが非常に丹念に描かれているとしたら，強迫的補償である。また精巧に描かれているならば，補償的顕示性が推測される。

別扉
一個の表扉のほかに，二重扉や，家の裏側や横に扉が描かれるのは，その家へ簡単に直接出入りするのが難しい感じをあらわす。二重扉は過補償を示し，表扉以外に他の扉がある場合は，親しみやすさについて率直さと婉曲さのどちらを選ぶか決めかねていることを示す。あるいは出口として別の道が必要であることを反映しているかもしれない。

もし一枚の脇扉が描かれているとしたら，そこにあらわれているのはアンビバレントな感情のひとつである。裏扉は，他人がたやすく近づいてくることには気がすすまない，あるいは慎重であることを示す。

塞がれた扉

扉が，草や葉，花，横木，塀，その他何かの遮蔽物で塞がれているならば，裏扉と同様，近づきやすくなることに不承不承，あるいはアンビバレントな感情をもっている。

最適の接触性

扉の描かれ方が最適の接触性をあらわしているという印象を与えるのは，無彩色と彩色の描画とも，以下のすべての条件に当てはまっている場合であろう：

一重の扉；
適度な描線の特徴；
適度なサイズ（扉のある壁との比率）；
一個の把手と過剰に几帳面だったり細密すぎない装飾が1，2ある扉；
一個の扉；
家の基線に繋がっている；
表の（最も大きく目立つ）壁についている；
塞がれていない。

□ B．通路

扉，階段，基線から外へ向かう小道がしばしば描かれる。その主観的意味は近づきやすさである。すなわち，描き手が他の人に手を差しのばし，接触する感じをあらわす。

省略

通路を描かない人は，描いた人よりも，むしろ描画の課題を厳密に限定して理解したことを示唆する。それは，取り組むべき問題に対する態度が，より受動的あるいは回避的なことを意味する。

図 4.1

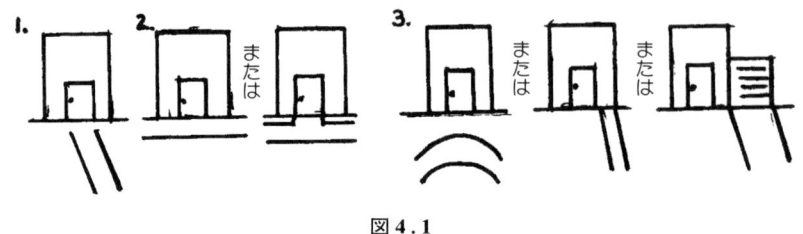

長さと広さ

割合から見て長すぎたり短すぎたりする通路は，狭い通路と同じようにアンビバレントな感情を示す。家に向かって次第に狭くなっている通路は，最初の開放的感情が家に近づくにつれて躊躇感が増えていることを示唆する。一方，外に向かって狭くなっているのは反対に最初のためらいが次第に受容に変化してきたことを示す。

家との接合

①家と繋がらない，②家と平行している，③別なところに繋がっている，これらすべては近づくことに関してのアンビバレントな感情をあらわす（図 4.1 参照）。

直線度

曲線か，あるいは少なくとも 90 度の角度で曲がっていたり，末端が用紙の横側に面している通路も，アンビバレントな感情を示す。

適度な接近性

もし通路が無彩色・彩色ともに次のような条件に合致していたら，最適な接近性が推測される：

　通路は適度な描線と濃淡，あるいはそのいずれかである；
　適度な長さと広さ（家のサイズに対してバランスのよい長さであり，表扉
　　とほぼ同じ広さかやや広く，通路の長さに応じて広がっていく）；

表扉のある場所で家と通路が繋がっている；
ほぼ直線か，曲がっていても 90 度以下であること，また通路の終わりは用紙の横側でなく下側に向かっていること。

□ C. 基線と地面の線

　基線は，家の一番下の縁のことである。地面の線〔訳注：以下，地線〕は，家が地面についていることを何らかの形であらわしていることである。それは次のとおりである。①家の両側を越えて延びる基線，あるいは基線の下に家の両側を越えて延びる別の線は，地線を表す，②草，灌木，花，木のような地上の植物などによって示された地線の存在を想像できる場合，③家の裏側にある水平線や山など（図 4.2）。
　家が土台についていて，地面がその基礎となっているのは，描き手が自分自身（あるいは暗示的な自己対象）であるためにどのように現実に結びついているか，どのように現実に基礎を置いているか，安定性の内的感覚を示す。

　省略
　基線も地線もない家を描いた場合，現実との結びつきに重大な問題をもつ人を意味する。すなわち，現実への結びつきの必要よりも，自分の内的な関心の方に認知や判断が大きく影響されている人である（この解釈は，地線と基線の区別がわかりにくい場合や地線が基線として使われている場合には適用されない）。
　基線はあるが地線を示すものがなく，あたかも家が"空中に浮かんでいる"感じの場合は，現実確認のよりどころがない不安定感を意味する。

図 4.2

家と基線および地線との接合

何本かの垂直の壁の線だけ，あるいは基線の部分だけが地線と繋がり，他との接合がない場合は，描き手の不安定感と理解される。この不安定感はまた，用紙の底辺を基線として用いた場合にも認められる。家がすべて垂直線で基線に触れずに描かれた場合，あるいは基線が省略され垂直線のままで終わっている場合は，自己感覚（あるいは自己対象の経験）が現実に根づいていない人の感情をあらわす。

最適の安定性

無彩色・彩色ともに以下のような条件のすべてに合致するならば，最適な安定感と推論できる：

家の基線と地線がともに存在する；
両方とも適度な描線の質と濃淡，あるいはそのいずれかをもっている；
地線に用いられた色は適切な色であること，たとえば，草は緑色で，赤であってはいけない；
基線は地線に繋がっている；
家のすべての垂直線が基線に接触している。

□ D. 窓

窓は，対人関係性についての主観的体験を引き出す。家の中からは外の周囲を見ることができるが，外から見られることはない。このように窓は自己あるいは自己対象の周囲との相互関係能力をあらわす。

省略

窓を描くことの失敗は，重大な引きこもり——環境からの締め出され感——を意味する。

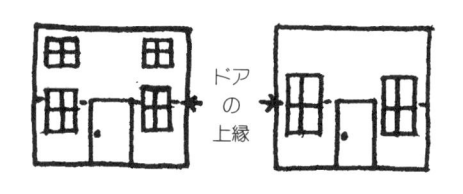

図 4.3

数と位置

　1個の窓が壁だけ（家の他の部分ではなく）についているのは，外界との相互関係が限定されているか，あるいはアンビバレントな感情を示唆する（1個であっても十分に広い窓にはこの解釈は適用されない）。

　5個以上の窓が壁にだけついているのは，外界とかかわりをもつことに不安があり，そのため過補償的な努力をしていることを意味する。

　窓の数と関係なく，窓が扉の上端よりも高いところにあるのは，警戒感をあらわす。窓は全体としては下の方か，あるいは扉の上端の下と上にあるべきである（図4.3）。

　もし窓が主として屋根に描かれているとしたら，外を見ることはできるけれど，外部の人からは中を見られないというプライバシー秘守の感情を示す。また，もし窓が屋根にしか描かれていないとしたら，この感情はより強く，同時に孤立あるいは引きこもりを想起させる。

サイズ

　過度に大きなサイズ（壁のサイズにくらべ不均衡に大きすぎる）の窓は，外界とのかかわりに対する潜在的不安の過補償を意味する。

　小さすぎるサイズの窓は，他人との交流に抵抗を感じていることを伝えている。

細部装飾

　これは，輪郭線と窓の内枠の他に別な何かを加えたものである。たとえば，日除け，シャッター，カーテン，植木鉢かプランター，窓越しに見える人や動物が含まれる。

　細部装飾がまったく加わらない場合，つまり窓枠しか描かれない場合は，環

境との交流に受動的か，あるいは余分なサービスはしないことをあらわす。

　少なくともひとつの細部装飾が（窓を塞がないように）加えられた場合は，より積極的に自分らしい環境へのかかわりを試みていることを意味する。

　窓が塞がれていたり閂や横木で閉ざされている場合は，警戒感が見られる。

　何もない窓，すなわち単線で輪郭を四角や長方形あるいは円で描いた場合は，空虚感や警戒感をあらわし，もし慌てて，ぞんざいに描いたためであれば，衝動性あるいは鈍感さをあらわす。

最適の相互関係性

　無彩色・彩色描画ともに以下の条件にすべて合致すれば，最適な相互関係性と推論できる：

　　２個から５個の窓（あるいは，ひとつの大きな窓）；
　　窓は適度な描線の質と濃淡，あるいはそのどちらかであること；
　　適度なサイズ（壁のサイズと釣り合いがとれている）；
　　窓は家の壁にあること（屋根や扉やガレージにもあってもよいが，屋根や扉やガレージだけにしかないのはいけない）；
　　扉の上にあってはいけない；
　　塞いだり閉ざしている以外の，少なくとも何らかの細部装飾があること。

□ E．壁

　これはふたつの要素——垂直線と水平線が，壁の縁をあらわし，それに囲まれた領域を示す。

　家の壁は，主観的には自己（あるいは自己対象）の器として感じることができる。すなわち，内部の分裂と外部の脅威から，内部を安全な状態にまもっている。その点で，壁は自己−統制のひとつの表現と考えられる。

省略

　壁が描かれない家は比較的稀である。家の他の部分は描かれているのに，そ

れを包含する構造を示すものが何も描かれていない例は，重大な現実歪曲をともなう強度の統制欠如か喪失である。しかし，家の"抽象的"表徴をあらわそうとしたと述べるなど，描き手の自覚や意図によって，その重みが変わるのは当然である。

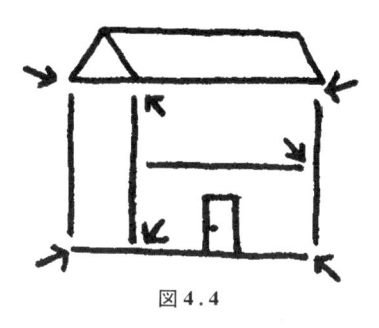

図4.4

接合性

ほとんどの，あるいはすべての接合点が開いたまま，つまり接続していない場合は，家の構造のまとまりにとって不可欠な重要な側面に不注意だったり，見落としたりしたためである。これは，無計画で無用な行動の出現をもたらすような統制力の弛緩を意味する（図4.4）。

直線度

相対的に曲がったり傾いている壁の線は，自己-統制の減少にともなう不安全感をあらわす。

透明性

あたかも壁が透明であるかのように，家の内部を露出して描くのは，認知能力をこえた統制の欠如によって生じる現実無視で，重大な思考障害と退行の可能性がある（図4.5）。

細部装飾

壁が煉瓦や石，丸太で描かれていることがときどきある。明らかに注意深く丹念な場合は，細かな部分に熱中しやすい感情状態をあらわす。器としての家を強化する必要を感じていると推測され，自己-統制感を支えたいための一種の強迫的行動であろう。

図4.5

普通　　　　右側垂直　　　左側垂直

図 4.6

家の側面

通常，家の側面が屋根，壁，ときには煙突まで含めた一本の垂直線で描かれることはない。このような家がもたらす（用紙の端を側面として用いる場合も），その主観的感情は，家というものの正常な流れの切断と抑制であり，内的過程を統制したい描き手の欲求と不安全感をあらわしている。

もし側面の垂直線が右側なら，不安全感は将来の問題に関係している。

もし垂直線が左側なら，不安全感は過去の問題に関係している（図 4.6）。

遠近法

1）一面だけの壁（屋根つきでも，屋根なしでも）が描かれる場合，表現あるいは認知されたものをコントロールするために，限定的で表面的な見方をしていることを示す（図 4.7 の 1）。

2）壁のなかにまた壁があったり，二階はあるが，一面にしか見えない場合，描き手は深さの感じを出そうとして，実際の遠近感を与えられないでいることを示す（図 4.7 の 2）。

3）正面の壁と同じ面に側面の壁を描いた（二重遠近法）絵は，現実的遠近感を理解していないことを示唆する（図 4.7 の 3）。おそらく神経学的，認知的あるいは思考の障害を推測させる。もしこの診断を除外できたとしても，他から深遠な性格と見られたいが，恐怖と警戒が根底にあり，実際には退行的に願望を具体化してしまう人と推測される。

最適な自己-統制

無彩色・彩色描画とも以下の条件にすべて合致すれば，最適な自己-統制と推論できる：

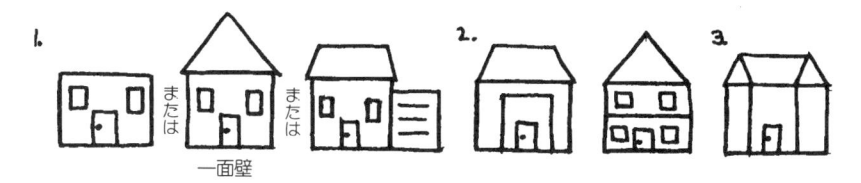

図 4.7

壁は適度な描線の質と濃淡，あるいはそのいずれか；
壁の線の接点が他の壁の線，屋根の線や基線と結びついている；
壁の線は相対的に直線；
壁は透明でない；
過度に几帳面あるいは念入りに細部装飾を描いていない；
少なくとも壁は二面ある；
両脇の壁が並列に描かれていない；
どの側面も，屋根，壁，煙突を含んだ1本の垂直線で描かれていない；
家は三次元（深さ，広さ，高さ）で描かれている。

□ F．屋根

　家の最上部分としての屋根は，主観的には，外界との関係性や相互関係についての描き手の感覚とは無関係である。つまり普通，人は屋根の部分には住まない。物や（思い出）をしまっておく場所である。屋根自体は，外界に対するよりも内的自己により多く関係し，内的認知過程——観念作用，記憶，幻想——をあらわしている。

省略
　家屋画に屋根を描かないのは，自己-体験のなかのこの側面を（抑制か抑圧のいずれかで）切り離していることを示す（図4.8）。

サイズ
　大きな屋根（つまり家のサイズに対して不均衡に広すぎたり高すぎたりす

屋根がない

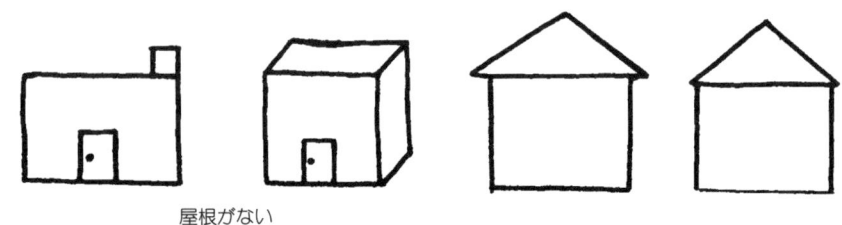

図4.8

る）は，自己の内的認知過程への没頭を示唆する。

非常に大きい屋根は，その没頭が過度で，内的認知過程に関して強迫的になっていることをあらわす。

小さい屋根は，内的認知過程が制限されているか圧縮的であることを暗示している。

非常に小さい屋根は，内的認知過程が非常に圧縮されているか，あるいは重大な回避，抑制，抑圧を意味する。

家全体が屋根としてだけ描かれている（"屋根が壁になっている"）場合，外界を極度に自分の内的認知過程に関係づけている人で，外界に対する意識や外界からのインプットが制限されてしまっていることを明らかにする（図4.9）。

細部装飾

壁と同様，屋根をこけら板か厚板で埋めて描くことがときどきある。これがもし過度で，丹念であったり，きわめて装飾的である場合，強迫的防衛機制によって内的認知過程の包み込みを強化したい欲求を示す。

位置

もし屋根が用紙の上縁に触れていたり，そこで切れていたりするのは，思考することをストップしたいという描き手の欲求を意味し，それは内的過程の抑圧か抑制のどちらかである。

分割された屋根

屋根が二つ以上の部分に分かれて

図4.9

いたり，家の部分それぞれに別の屋根を描いた場合，内的認知過程の分割（splitting）を意味し，内的認知過程の重要な部分から解離している可能性がある。

最適の内的認知過程

無彩色・彩色描画とも以下の条件にすべて合致すれば，最適の内的認知過程と推論できる：

屋根は適度なサイズ（その家のサイズに対して高さと広さに釣り合いがとれている）であること；
描線の質と濃淡，あるいはそのいずれかが適当である；
屋根は過度に几帳面あるいは念入りに描いてはいない；
用紙の上端に屋根が触れていたり，切断されていない；
屋根が二つ以上に分断されていない。

□ G．煙突

煙突が家屋画に加えられることはしばしばある。ここでの主観的含意は，家のなかに暖炉やストーブを想像した描き手に向けられる。煙突は，料理することや暖炉で火を燃やすなど温かい人間活動についての感情を誘い，慈しみ，養育，交際，安らぎ，伝統・慣習のような，要するに温かい家庭関係を巡る連想を引き出す。もし煙が描かれるとしたら，自己内部もしくは自己対象のなかにその可能性を実現しているかのような代理の（vicarious）感覚を体験しているかもしれない。

省略

もし煙突も煙もないならば，温かい家庭関係を連想することを回避している。もし煙突があって煙がない場合は，温かい家庭関係を意識しているか，あるいは可能性はあるが，挫折または不完全であることと関係している。

サイズ

屋根の大きさに対して小さすぎる煙突は，温かい家族関係の可能性に不安を抱いている。一方，大きすぎる煙突は，その不安を顕示的に補償していることを暗示している。

図 4.10

少なすぎる煙は，温かい家族関係の実現に落胆や不快感をもっていることを示し，多すぎる煙は，家族の相互関係についての不安や専念を意味する。

細部

煙突は，煉瓦製で描かれることが多い。もし過度に几帳面あるいは念入りに描かれているならば，温かい家族関係につきもののさまざまな問題に没頭していることを意味する。

傾斜した煙突

普通，煙突は垂直に描かれる。それが屋根の傾斜の角度で描かれた場合は，神経学的障害の可能性をともなう認知上の欠陥を示唆する（図 4.10）。

最適の温かい家族関係

無彩色・彩色描画とも以下の条件にすべて合致すれば，最適の温かい家族関係と推論できる：

煙突は適度なサイズ（家のサイズに対して）であること；
適度な量の煙が煙突から出ていること；
煙突，煙ともに，描線の質と濃淡，あるいはそのいずれかが適当であること；
煙突と煙に使われた色彩が適当であること，すなわち煙突には黒または赤，煙には黒；
部分が過度に丹念または装飾的でないこと；
煙突は垂直に描かれていること。

☐ H．環境

　ときには，家の周りを人，動物，道具，玩具，道具小屋，太陽，雲など，付加物で取り囲むことがあるであろう。さらに，葉類，たとえば草，灌木，花，木が，しばしば加えられる。これは，"一軒の家を描きなさい"という教示を，言葉どおりあるいは堅苦しく受け取るより，むしろ拡大して解釈する人であることを示し，積極的参加とバイタリティをあらわす。

省略
　付加物の省略は特に珍しくはない。描かれたものの内容は，描き手の自己や自己対象に関する主観的体験に固有の意味をつけ加える。たとえば，太陽は大人の描画には珍しい。これは，より幼児的退行的な仕方で，課題にかかわっている人で，強力な親を自己対象として求め願っていることを示唆している。
　葉類がまったく省略されているのは，よくあることとは言えない。ほどほどの量の草や灌木や木は，描画に生命感や活力をもたらす。その量があまり少ないとバイタリティの乏しさを感じさせるし，多すぎると制限されたバイタリティを顕示的に補償していることを示唆する。家の上に被さっていたり，家を見下ろすような木の存在は，自己を庇護し支配する強力な親の自己対象への主観的体験をあらわす。

☐ I．他の特徴

車庫と車庫に通じる道
　ときに，家に加えて，あるいは家の構造のなかに含めて，車庫が描かれる。また車庫に通じる道が書き加えられる場合がある。これは，家から出る手段として，または他人との接触を増す手段として，描き手にとっての車の重要性を意味している。車庫との道があるのは環境への関与感が高まったことをあらわす。

例外

"一軒の家を描くように"という要請に対して、その要請に従わない例外的な反応、たとえば家の青写真や多数の家を描いた場合は、自分自身の表現によって世界を構築したいという描き手の欲求をあらわし、権威に対する否定あるいは対抗主義を意味する。青写真には、主知主義の感情が加わる。1軒以上の家を描くのは、中核となるアイデンティティの内的混乱あるいは分割 (splitting) をあらわす。

質問

描き手はふたつの質問に答えるよう求められる；"誰がこの家に住んでいますか"、"この家はあなたにどんな感じを与えますか"（もしくは"この家から何を感じますか"）。

最初の質問に対する答えは、この家屋画が自己-経験に関係しているのかどうか、あるいは家と関連のある自己対象の特徴について、描き手の経験をより強調しているのかどうか、を決定するのに役立つ。それはまた、描き手にとっての他人との関係性や他人の関与の意味をもつ。

もし答えが、この家に描き手とその家族が住んでいるというのであれば、この描画は、自己体験と、家族という重要な自己対象環境体験との両方をあらわしており、自己と自己対象間の関係が最適のバランスを保っていることを意味する。

描き手と関係のない家族やカップルだけならば、そこでの強調は自己対象に向けられ、自己対象についての過度の強調か依存を意味する。

もし"私がこの家に住んでいます"と答え、他に誰もいなければ、その焦点は自己であり、自己対象関係からの引きこもり、分離、孤立感をともなっていると思われる。

その答えが単に"ひとりの人"であって、自己と無関係ならば、その焦点は特定の自己対象で、その自己対象への過剰なかかわりとそれに付随する自己軽視感である。

もし、その家には誰も住んでいないと答えたら、自己対象関係からの自己疎外と分離を意味する。そこに引き出される感情は不毛とうつである。

2番目の質問に対する肯定的な答えは，たとえば"幸せな"，"楽しい"のような肯定的な形容詞を使う場合で，自己あるいは自己対象評価の最適の感情をあらわす。

　否定的な答え，たとえば"悲しい"や"空虚な"のような不快な形容詞を使うのは，抑うつ感をあらわす。

　奇妙な答え，すなわち"とてもおかしな"，"気味の悪い"のようなエキセントリックなあるいは非常に珍しい感情表現は，現実的な仕方で自分自身（あるいは自己対象）を体験することに困難を感じていることをあらわす。

　混合した答え，つまり肯定的な形容詞と否定的な形容詞の両方がまじり合った答えは，自己（あるいは自己対象）についてのアンビバレントな感情をあらわす。

　曖昧でハッキリしない答えは，描き手の情緒的自己あるいは自己対象の評価が明確でないことを示す。

□ 家屋画の構造分析例

X. N. の症例

　X. N. の樹木画は，すでに印象分析の例証として用いた。ここでは，彼の家屋画を構造分析の説明のために使う。

　治療が始まってまもなく描かれた無彩色の家屋画（図4.11）を検討すると，窓はどちらかというと壁にくらべて大きく，それは，描き手が他人にとって近づきやすい人になろうとすることへの潜在的な不安があり，その過補償を示唆する。描線は濃く，いくぶんか緊張していることを示す。扉が基線と完全には接続していないのは，近づきやすくあることへのアンビバレントな感情を伝えている。

　通路がなく，接近されることへの消極的あるいは回避的な姿勢を示す。

　この家は基線が補強されているのにもかかわらず，地面に接している痕跡がなく，不安定感を暗示する。それに加えて基線の描線が弱々しく，X. N. の不確実な安定性をさらに印象づける。

　窓は三つあり，扉の上端より下に位置しているのは，接近したり親しくなる

図 4.11

ことが難しい一方で，他人と関係し交流したいと望んでいることを示す。しかしながら，窓の描線に濃さと薄さが混じっているのは，人と交流することへの外向的緊張と内的不確実感を伝える。また，大きすぎる窓は，そうした不安への過補償を示唆する。屋根の窓はプライバシー守秘の欲求を示す。窓に装飾が施されていないのは交流に対する消極性の意味を強める。

壁の描線も緊張と不確実感を示しており，この場合は自己-コントロールに関連している。しかし，描線のほとんどは，接合していて直線であり，自己-コントロールについての適応感を示す。このことは，三次元の遠近画法を用いていることによっても確証できる。とはいうものの，正面の壁と窓を被っているポーチは遠近画法でなく，他人と接触し関係することについて，コントロールの難しさを感じてはいることを暗示する。

屋根は多少大きく，内的思考に過度にかかわる傾向を示唆する。

いくぶん小さな煙突は，温かい家族関係の将来について不安や動揺があることを示す。煙がないのは，温かい家族関係について X.N. の満たされていない感情のあらわれである。弱いスケッチ風の描線は，この目標に到達することへの不確実感を加えている。

付加物や葉類がないのは，活気のなさ，空虚さ，つまりバイタリティの欠如をあらわす。

全体としてこの家屋画を眺めると，用紙の真ん中より上にあり，過度の幻想

に頼って，"今-ここで"の現実を回避しようとしていることを示唆する。しかしサイズは実物と相対的に一致しており，最適性の基本的感覚は損なわれていない感じがする。

彼ひとりがこの家に住んでいるというX. N. の答えは，この描画が，主として他人からの彼自身の引きこもり，分離，孤立感を示していることを明らかにする。この家に何を感じるかという質問に対し，彼が"温かさ"と答えた事実は，敏感な自己対象と協調していく自分の能力について，潜在的な確信をもっていることを示す（図4.11）。

彩色の家屋画（色図版11）は，構造的には無彩色の絵と非常によく似ているように思われる。濃く塗った赤い扉は，近づきやすくあろうとする積極的で熱心な欲求と緊張感が目立つ。扉は基線とつながっているけれども，地面から少し離れており，鉛筆画に見られたアンビバレンスと一致する。ドアを包み込むポーチの描線が多少ぞんざいに描かれており，他人への接触にためらいのある感じが加わる。それにもかかわらず，色の鮮明さは，内的自己に他人を接近させようとするX. N. の強い執心が潜在していることを意味する。

色彩画のなかの三つのきわだった付加的特徴が，われわれの注意を引いた。①窓に濃く塗られた黄色は，X. N. が交流を望んでいる反面，かなりの不安があり，無彩色描画から得られた過補償とアンビバレンスの感じをさらに強めている。強い筆圧で窓を埋めたのは，交流に対する欲求とそれを成就するために感じているプレッシャーを意味する。②同様に濃い赤で塗られた大きな煙突は，温かい家族関係を勝ち取るために彼が体験している潜在的なプレッシャーと欲求をあらわしている。それはまるで，意識的レベル（無彩色描画）では隠していたことが，感情表現（彩色描画）の機会を与えられるとあらわれたかのようである。③地線に緑の草が加わったのは，より深い感情レベルではX. N. の安定感とバイタリティが生じたことを暗示する。

図4.12（無彩色の家屋画）と色図版12（彩色家屋画）は，隔週治療の約4年後のX. N. の絵である。最初の描画とくらべると，まるで別人が描いたような強烈な変化に気づく。

無彩色と彩色の描画ともに構造分析から始めると，扉については，ほぼ最適水準の近づきやすさを見いだす。鉛筆画の1枚扉も最適の描線であり，クレヨン画の色合いは最適の濃さである。両方とも把手があり，鉛筆画の扉には窓が

図 4.12

ある。両方の絵とも描かれた扉は 1 枚だけで，塞がれていない。無彩色画の扉は基線に接続しているが，彩色の扉は上がり口からわずかに離れている。しかし柔らかい色調の青色は，穏やかさと静けさを伝える。サイズに関してだけは，最初の絵で明らかになった不安の過補償の痕跡がここではより大きくあらわれているのは，体験がより感情的な次元に曝されたためであろう。

　通路は描いていないが，家に階段を加えており，出入りを積極的に容易にする気持ちが強くなっている。鉛筆画もクレヨン画もともに描線は濃く，クレヨン画の階段は一部分黒く塗られているが，これはより近づきやすくなったことによる緊張感を思わせる。

　無彩色，彩色ともに，基線の描線に重要な変化が見られる。鉛筆画では地線や草むら，物が加えられ，家の基礎に現実感を与えている。現実世界にしっかりと基礎をおき，結びつこうとする強い安定感が，患者の日常をあらわすとされる無彩色描画のなかに明らかに目立つ。それは，より深い感情レベルの彩色画にもあらわれているが，これにはやや不安をともなっている。窓に反映された関係性の体験は，両方の絵のたくさんの大きな窓が証明するように，X. N. は他との交流を過剰なほど切望しているように見える。描線は両方とも適度で，特に色彩画での柔らかい調子の色づかいは，感情面での緊張が消失し，希望にみちた期待の出現を示唆する。その印象は，"誰かが家にいる"ということであらわされている。両方の絵にある屋根の窓は，立体的に描かれているが，

安全で有利な位置から周囲を見ている注意深い展望を意味する。

　無彩色家屋画の壁の巧みな装飾と彩色画の柔らかい色の変化は，穏やかな内的自己-統制を意味する。外界との境界に幾らかの緊張を感じていることが，壁の縦の筆圧の強さに反映しているけれども，接点の接合度や真っ直ぐな描線，全体的な遠近法すべてが，明らかに強い自己統制の感じを伝えている。

　屋根の描線，濃淡，装飾は，屋根の表徴である内的認知過程への安定した容易な関与を意味している。色彩画のやわらかい赤色は，X.N.のファンタジーが成就したことと関係がある。無彩色の絵では屋根は目立ってはいるが，この家の大きさと釣り合いがとれている。しかし色彩画では，ややはみ出している。たぶん X.N. は，現実（無彩色）を扱うときにはより良い統合性をもち，より感情的なレベルでは自分をさらけ出してしまうのであろう。

　このことは，鉛筆画では煙の出ている煙突があるのに，色彩画では煙突がないことでも証明される。2本の煙突を描くというのは，珍しいことであり，また煙が非常に薄い線であるのは，X.N. が，家族関係についてアンビバレンスか，あるいは確信がないけれども，感情的な面を避けつつ実際面でこの問題に取り組もうとしていることを示唆するであろう。最初の色彩画の大きく突き出た濃い色の煙突とは，著しく対照的である。

　鉛筆画のなかに芝生や家具やプールが含まれているのは，心地よさと楽しさの感じを伝える。クレヨン画の，芝生に置かれた家具の濃い描線は，より感情的なレベルでこうした欲求にかかわるときの緊張を思わずさらけ出している。鉛筆画のさまざまなたくさんの草木類は，バイタリティの最適感を引き出しているが，より深い感情レベルでは，制限がもっと強くなっている。

　質問への答からは，X.N.が孤独な状態にいるけれども，自己-受容感がより強くなったことが指摘される。すなわち無彩色の家屋画は"温かくてこじんまりした"，彩色の家屋画は"太陽の光がいっぱい入ってきて——室内は温かく気持ちがいい"（最初の描画に対しては，ひとつは"温かい"，もうひとつは"心地よい"だけであった）。

　構造分析は，4年という時間を通しての患者の変化をわかりやすい姿で与えてくれた。そのうちのいくぶんかは，心理療法のせいであろう。X.N.は近づきやすくなることの不安やためらいが少なくなり，わずかずつではあるが親しみやすさが増してきた。彼の関係性の範囲と質に明らかな改善があり，毎日の

仕事においても，強い安定感に加えて，自己-統制が巧みになり，調整的な感覚が見られる。過度のファンタジーから，今は外界への気づきと焦点づけを合わせたファンタジーを見いだすようになった。家族関係については，感情レベルにおける支配的な不安を行動レベルでは回避に置き換え，不安を減らしているように見える（X. N. は最初の結婚で生まれた子どもたちに再び接触するという形で目的を達した。しかし子どもたちとの関係には相変わらず情緒的に満足していない）。最後に，自己受容と，生活への関与と，バイタリティ感覚は，最初の一組の描画から二番目への変化によって明らかに示されている。無彩色と彩色の，それぞれのセット内とセット間の対比では，X. N. の生活経験レベルの変化の分析に，豊かさが追加された。日常生活では彼の能力のポジティブな変化が統合されているけれども，色彩描画をみると，無彩色描画だけでは示さないような自己と自己対象関係についての持続的な不安を表出させたままである。

第 5 章

構造分析―木

樹木画に関連する部分には次のものが含まれる。

A．枝と葉の領域〔以下，樹冠または樹冠部と称する場合もある〕
B．幹
C．根と地面
D．周囲
E．他の特徴

□ A．枝と葉の領域〔樹冠部〕

　枝と葉は，主観的な意味では外界に手を伸ばすことと関係がある。枝は，しばしば木の"腕"といわれる。描き手がこの部分をどのようにあらわすかによって，環境との相互作用をどのように体験しているかがわかる。

省略
　枝や葉，あるいはその部分を覆う茂み，または樹冠を示唆する輪郭を，詳しさの度合いはともかく，樹木画で描かないということは非常に稀である。この省略には，外界との交流体験についての厳しい制止感情のあることが考えられる。さらに樹木画が表象する自己あるいは自己対象に，抑うつ的な引きこもり感が潜んでいることを意味する（図5.1）。

図 5.1

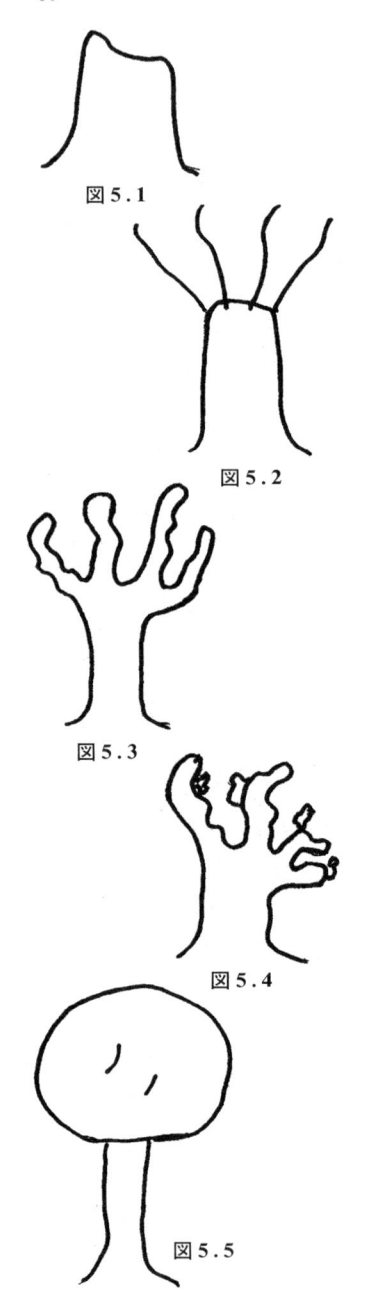

図 5.2

図 5.3

図 5.4

図 5.5

サイズ

大きなサイズ（幹や根のサイズにくらべて不釣り合いに大きすぎる）は，環境との交流について描き手のなかに内在している不安の過補償であり，過活動の形をとるであろう。

小さなサイズは，受動性と制止を意味し，積極的な交流が少なくなる。

細部描写

葉のない一本線の枝は，交流についての不適応感をあらわしている（図5.2）。

同様に，裸の枝（二本線で描かれてはいるが，葉や茂みがない）は，他との交流がほとんどない不毛さを示す（図5.3）。

樹冠があいまい（輪郭や内部を限定することができない）な場合も交流への不適応感を意味する（図5.4）。

一本の外輪郭線だけが描かれている場合（枝，葉，その他が描かれていない——内部はほとんど空白），外界との交流についての制限や意図的な遮断，あるいは対抗的態度のあらわれの場合もある（図5.5）。

枝や葉が折れたり曲がっているのは，交流能力が損なわれたり，なんらかの障害感があらわされており，それに関連してうつ的気分がある（図5.6）。

鋭く先の尖った大釘や指，あるいはこん棒のような形の枝や葉は，敵意感情——攻撃性を内在させた交流態度——を示す（図5.7）。

枝の先端が開いたままで茂みに覆われるこ

となく，ただの二本線のように描かれている場合〔訳注：開放枝〕は，感情や行動を包みこんだり（contain）コントロールできないことを暗示する（図5.8）。

これとは対照的に，枝それぞれが茂みに包まれている（綿で包まれたように見える）場合，自分から他との交流を制止していることを意味する（図5.9）。

枝が長くて細く，曲がっているのは，交流が制止され，おそらく補償的な空想を使って自分自身のなかへ引きこもっている感じを示す（図5.10）。

枝や葉が，地面に触れるか，触れそうになっている（"しだれ柳"と同じような）場合，うつ的感情をともなった交流抑止をあらわす（図5.11）。

葉や実が落ちつつある，あるいは落ちてしまった（地上に見える）場合は，交流過程での感情の開放を意味する（図5.12）。

枝が樹冠より下の幹に描かれているのは，不適切な場や状況の中で他に接触しようとすることを示しており，未熟で退行的な人を意味する（図5.13）。

切断された幹から伸びている新しい側枝は，始まりの意味をもち，自分の能力についての疑念を乗り越えていこうとするためらいがちな努力感をあらわす（図5.14）。

図5.6

または

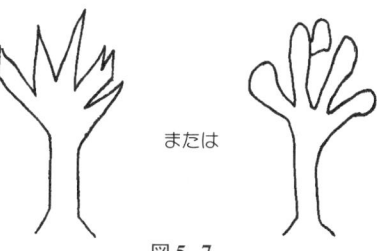

図5.7

図5.8

図5.9

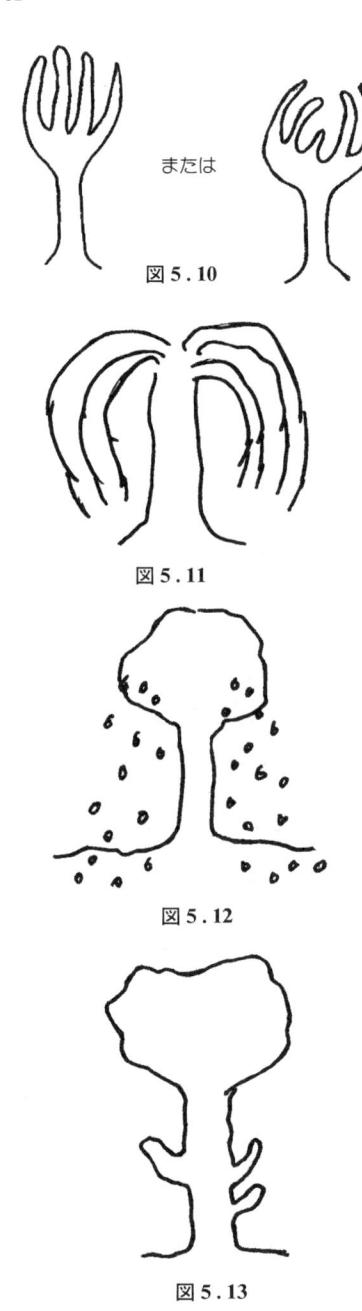

枝や葉あるいは実が，非常に細かく慎重に，あるいはくりかえして描かれているのは，描き手が交流をコントロールする必要を感じており，その不安の補償的強迫行動である。また，細部が装飾的に入念に描かれるのは，補償的顕示性が関係しているようである（図 5.15）。

樹冠が完全に対称に描かれているのは，バランスを完璧に保とうと努力することで，交流へのアンビバレンス感，あるいは躊躇感を補償しようとしている（図 5.16）。

相対的位置

樹冠の右側が過度に強調されている（幹は垂直か傾斜しているが，樹冠部だけがいちじるしく右側に偏って延びていたり，濃い陰影や輪郭であったり，詳細に描いてあったりする）場合，その意味を推論すると，外界との交流の不安を，空想や観念化の手段をつかって未来に熱中することにより，"今-ここ"から逃避している。

樹冠の左側が過剰に強調されている場合は，交流についての不安は，現在から逃避して過去への没頭を生じさせている。知的コントロールが減少し，おそらく退行的行動がともなうであろう。

樹冠の上部を平らに描くのは，外界

への接触を抑制されている感じをあらわし，うつ的感情をともなう（図5.17）。

樹冠の輪郭が渦巻き様に描かれた場合，外界との交流の仕方が性急で落ちつきなく表面的であることを意味する（図5.18）。

位置

樹冠の輪郭が用紙の縁に近いけれども，それを越えていない場合は，環境の制限を越えて背伸びしようという衝動はあるが，それを自制あるいは圧縮している人をあらわす。樹冠が，用紙の上縁や側縁を越えて一部が明らかに切断されているのは，現実において外界との交流に強い拘束感があるため，描画のなかでその束縛や限界に公然と反抗することを意味している。

付加物

たとえば実，花，鳥，巣，動物，ブランコなどが，枝や葉に追加されたり，代わりに描かれるのは，その絵の構造のなかの何かを焦点にした不安の補償である。これら付加物は大人よりも子どもの絵にしばしば見いだされるので，大人の場合は退行的願望あるいは空想を意味する。とくに木の実は，食べたり食べさせられたりという養育を意味する。

最適の対人的相互関係〔交流〕

もしも樹冠部の描き方が，無彩色と彩色の両方の絵で以下の条件のすべてが合致し

図5.14

図5.15

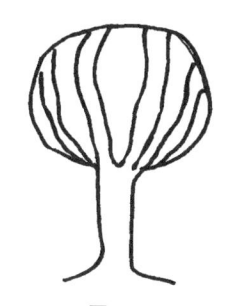

図5.16

図5.17

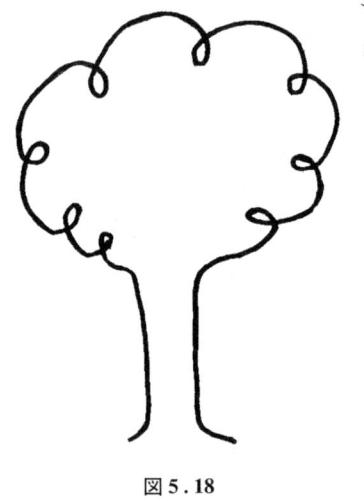

ているならば，環境との最適な相互関係をあらわしている：

樹冠は適度の描線の質と濃淡，あるいはそのいずれかをもっていること；
使われた色は，指定された季節にふさわしいこと；
適切なサイズであること（幹や根のサイズと釣り合いがとれていること）；
一本線あるいは二本線の適度な形の枝と葉，あるいはそのどちらかであること；
ほとんどが茂みで覆われるか，茂みで埋まった輪郭線をもっていること；

図 5.18

枝は鋭く尖った大釘やこん棒のような形ではなく，また折れたり曲がったり，上向きや内側向き，あるいは地上に達するほどの下向きではなく，幹の下部から飛び出していないこと，非常に細かく丹念に繰り返したり，過剰に修飾的に描いていないこと；
左右どちらの側も過度に強調していないこと；
完全な対称ではないこと；
樹冠の上部が平らになっていないこと；
輪郭線が渦巻き状ではないこと；
用紙の端に触れたり，近かったり，越えていないこと；
付加物がないこと。

□ B. 幹

　幹は，主観的な意味では，内的強さについての描き手（あるいは，重要な自己対象）の感情と関係がある。幹は地中から出て，樹冠を支える。代理（vicarious）体験的意味としては，その人が"世にある"ための能力をあらわす。

省略

樹木画で幹を省略することはめったにない。もし省略された場合は，強い不全感あるいは不適切感を意味し，抑制，受動性，回避の感情をあらわす（図5.19）。

図5.19

サイズ

幹が太すぎる場合（樹冠と根に対して不釣り合いに太すぎる），内的強さの欠如についての不安があり，その過補償である。この場合，"描き手は主張しすぎるように思われる（Me thinks the drawer protests too much）"，つまり過度に誇大的-顕示的態度をとる。細すぎる幹は，内的な弱さと，そのための社会における制止的態度を感じさせる。

高すぎる幹（樹冠の高さに対して不釣り合いに高すぎる）は，内的な弱さについての不安の過補償感を示す。もし，樹冠によって部分的に幹が見えない場合，描き手は隠れた不安を経験あるいは認知しており，それが現れることにアンビバレンスになっている。もし高い幹がなにもおおわれていなければ，誇大的-顕示的補償を暗示する。

幹が短すぎる場合，内的強さの不足感をあらわし，受動的態度をとりやすい。

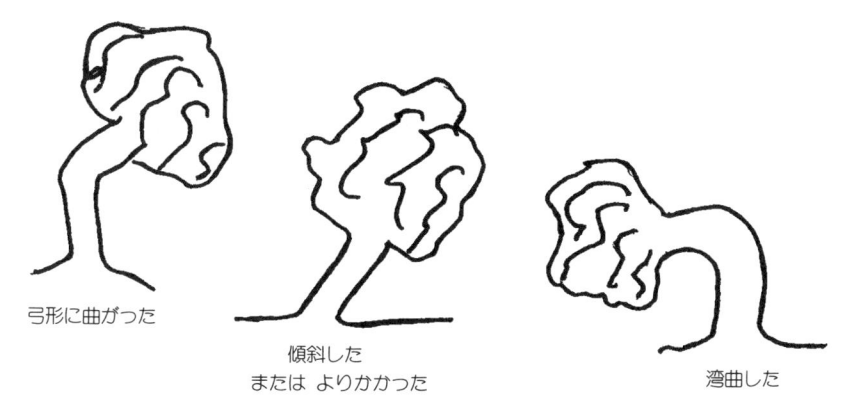

弓形に曲がった　　傾斜した
または よりかかった　　湾曲した

図5.20

図5.21

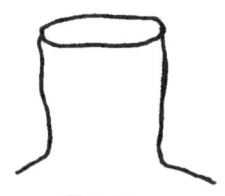

図5.22

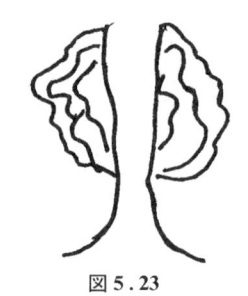

図5.23

図5.24

構造

幹が目立って曲がったり，傾斜したり，寄りかかったり，湾曲している（つまり，地面に対して直角に立っていない）場合，代理体験的にいうと，内的強さが傷つけられたり，重荷を負わされている感じを示す。幹が地面に向かって曲がっている場合は，情調がうつ状態であることは避けられない（図5.20）。

割れた幹（根元から二つ以上の方向に分かれて描かれる）は，自己感覚が分割（split）している結果，社会における自分の居場所をどのように決めるか，内的強さの表現や方向づけに混乱があることをあらわす（図5.21）。

ひこばえの出ていない切り株を描いた場合は，弱さや引きこもり，うつを強く感じているであろう（図5.22）。

上部が開いたままの幹（幹が樹冠をつらぬいて伸びている〔訳注：開放幹〕）は，描き手が交流機能を支配する内的強さに心を奪われて，活動よりも空想が優勢であることを示唆する（図5.23）

根元の辺りで非常に太くなっている幹は，環境と交流する必要が近づくにつれて，自分の強さに自信がなくなってきている感じを伝え，おそらく抑制感をともなっているであろう（図5.24）。

これとは反対に，樹冠と接するところよりも根元の方が細くなっている幹は，社会にかかわる必要が近づくと，内的強さへの基本的不安が誇大感によって補償されることをあらわす

(図 5.25)。

幹が一次元（つまり一本線）で描かれた場合は，内的強さについての深刻な不適切感を示す（図 5.26）。

ふし穴（うろ）

幹の表面にふし穴や輪が描かれることがときどきある。子どもの場合は頻繁に見られるが，大人にも見られる。幹が主観的には内的強さを意味しているとすれば，ふし穴はそれを部分的に変えるものである。

幹を両断するような（幹の両側の線に触れるほどの）ふし穴は，幹としてのまとまりを損なうような妨害の存在を示唆する。これは描き手の人生における外傷体験的な出来事の表出であり，内的強さへのダメージを意味する。

ふし穴が幹の脇を丸く切り取るようにあらわれる場合，外傷はその人に身体的ダメージの感覚を残していることを意味する。

幹の表面のふし穴の位置は，何歳のときにトラウマが生じたかを指し示す。たとえば，幹の長さ全体が描き手の実年齢 30 歳をあらわしているとして，ふし穴が上に向かって 3 分の 1 あたりにあれば，問題の事件は 10 歳頃に起きたかもしれない。

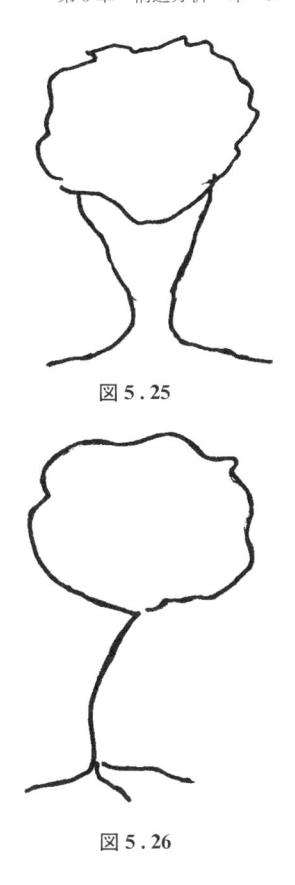

ふし穴のなかに動物を描くのは，安全な引きこもりの場所の必要を感じており，それを描いたこと自体，退行的思考や行為によってダメージを補償している感じをあらわす。

図 5.25

図 5.26

内的強さの最適な意味

最適な内的強さをあらわす幹の描画は，無彩色と彩色の両方とも，以下のような条件のすべてに一致しなければならない：

幹は適度な描線の質と濃淡，あるいはそのどちらかであること；
色彩は適切であること，たとえば茶色か黒であって，赤ではないこと；
適切なサイズであること（樹冠や根のサイズと釣り合っている）；
曲がったり，傾斜したり，湾曲していない。地面に直立していること；
分岐，切り株，開放幹，根元や上部での広がりがなく，長さにそって，相対的に一様であること；
二本線であること（一本線として描かれていない）；
ふし穴がないこと。

□ C. 根と地面

　木と地面の結びつきには，それを示す何らかのしるしがあり，単に"空中に浮遊している"のではない。接地は，地面と融合する根の構造によってあらわされる。すなわち，幹の延長のように，幹の描線がそのまま水平に延びていたり，地線を分断したり，あるいは地線がちょうど木の根元に接していたり，根元より下にあったり，あるいは地平線のように木の背後に示される。また，接地面が，草や藪，その他（落ちた実や葉）の茂みに包まれているかもしれない（図5.27）。
　根と接地面から連想されるのは，家の基線や地線と同じような安定感に関係があり，描き手は現実的足がかり（あるいは重要な自己対象）にどのような結びつきを感じているかを示す。さらに根の存在は，描き手がここで何を体験しているかについて，代理体験的な意味が加わる。それは自分の出自について特別な認識をもっている人の感情である。つまり自分は何から生じたのか，世間と交流する能力や内的強さの感覚は，外面下にある何か——意識的自覚を超えた遺伝学的生物学的ルーツや"内的自己"など——からどのようにして出てきたのかということである。このように，根の描画は，安定性という主観的意味に加えて，内的自己との結合感（あるいは重要な自己対象のなかにその性質を認知すること）を示唆する。

| 描線の延長 | 根 | 地線 | 地平線 | 草むら |

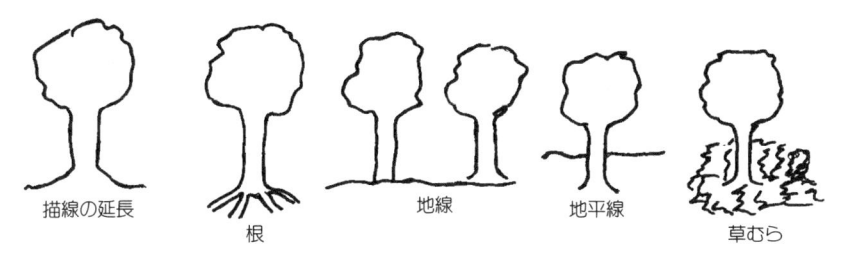

図 5.27

省略

上で示したような根も接地線も描かれない（あるいは用紙の下端を根元としたため描かれない）樹木画は，内的自己との結びつきがなく，また現実において自分の態度を確立する何かを体験していない人を感じさせる。その結果，不安定感と不安全感が引き出される。

根は省略されているが，地面の線とみなされる何かがあれば，内的自己との結びつきは絶たれているものの，いくらかの安定感はあることを示す。

地面の線との接合性

木が地面の線より上にある（地上を浮遊しているように見える）場合，現実接触が不確実で，その結果，不安定感と不安全感を体験している。

用紙の下端が地線として使用された場合は，安定感や安全感を与えてくれる外部のよりどころを必要としており，未熟で退行的あるいは依存的な自己感を示唆する。

根の構造

地面としっかり繋がらないような細い根は，結合性がぐらついており，内的自己や現実への帰属感を高める何かを求めて，あがいている人を意味する（図5.28）。

爪や猛禽の鉤爪のように描かれた根は，体験が現実に固着していて，内的な気づきに乏しく，敵意-攻撃の態度をとることで補償する人である（図5.29）。

透けて見える根，つまり根が地中にあるにもかかわらず見ることができるように描かれ，地線で切断されているのは，現実無視で，認知機能のコントロー

ルが失われており，思考障害の可能性がある（図5.30）。

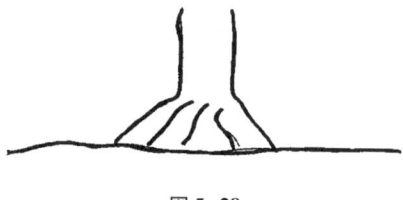

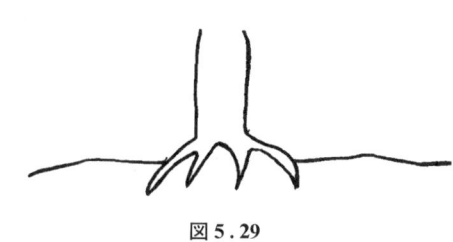

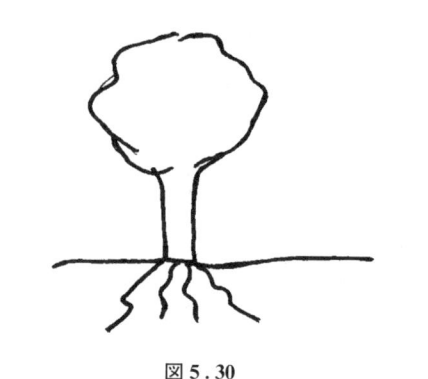

最適の安定性と内的結合性

根と接地線の描画にとって，最適の安定性と内的結合性をあらわすのは，無彩色と彩色の両方とも，以下のような条件のすべてに一致しなければならない：

図5.28

図5.29

図5.30

- 木は，地面か地面をあらわすような幹の延長線，地線，水平線，茂み，物体などにつながった根でなければならない；
- 根と接地線は適度の描線の質と濃淡，そのいずれかであること；
- 根と接地線に用いられる色は適切であること。たとえば，根には茶または黒，草には緑，花はどの色でもよい；
- 根の構造と接地線は適度のサイズであること；
- 根は地面の線と接していなければならない。また爪や鉤爪様だったり，透明であってはいけない；
- 用紙の下端を地線として使ってはいけない。

□ D. 環境

自然の法則によって木に付属している以外の付加物，たとえば，太陽，雲，

人，動物，家，道具，玩具，その木とは別の茂み（灌木，花）などを，樹木画のなかにふくめるのは，家屋画と同様，その主観的な意味は，発展性，包括性，バイタリティである。

　付加物の省略は，付加物がある場合よりも，多い。しかし，固有の付加物はそれぞれ主観的な意味をあらわす。たとえば太陽は，しばしば子どもの描画に見られる。もし，大人が描いたとしたら，力強い激励の源である親という自己対象を巻き込みたい欲求を感じている人を意味し，退行的依存的願望あるいは欲求をあらわす。

　雲や鳥が自由に適切に描かれている場合は，バイタリティと，自然との活き活きした結合を意味する。しかし，それらが重苦しい感じで描かれているときは，自己（または自己対象）を取り囲む不安感か緊張感をあらわす。

　灌木や花のような茂みは，もし適度に描かれていれば，活気，バイタリティ，環境への参加の感情をあらわす。

　人や動物その他の有形物は，環境のなかの特定の自己対象への没頭あるいは不安を示唆している。

□ E．他の特徴

異常

　鍵穴のような木，つまり輪郭だけで鍵穴の形をしている木は，回避と敵対的感情をあらわす（図5.31）。

　多数本の木は，内的分裂や自己分割（split）感をあらわす。

質問

　描き手は三つの質問に答えるよう求められる：

　　1）この木は何歳ですか？
　　2）この木は生きていますか，死んでいますか？
　　3）一年のうちのどの季節ですか？

図5.31

木の年齢は，描き手（あるいは自己対象）の成熟に対応する主観的体験と関連している。

木の年齢が，描き手の実年齢プラス・マイナス5歳以内であると，最適の成熟感をもっている。

それが5歳より下（"若い"，"非常に若い"と答える）ならば，成熟感が低下しており，実年齢から離れているほど，緊張が強い。

5歳より上であれば，自分の成熟について不安を感じており，それを補償しようとしている。

もし木が100歳以上（"古い"あるいは"非常に古い"）と述べたら，うつをともなう能力低下感を示している。

木の生死と季節に関する答えは，主観的に描き手（あるいは重要な自己対象）の生命感にかかわっている。

普通の答えは"生きている"である。たとえば"半分生きている"，"ほとんど生きている"のような逸脱した答えはすべて，バイタリティの減少感を示す。"死んでいる"（"死にかけている"，"半分死んでいる"）はうつをともなうバイタリティの減少感が強い。

木が"人工的"なものという答えであれば，社会での自分の居場所が本物でなく欺瞞的で，現実感がない感じをもっていることを示す。

季節については，春は希望に満ちた期待の感情を引き起こし，夏は活き活きとした最適のバイタリティ感を与える。秋は，実りや成熟の感情を示すが，その人の最適のバイタリティが盛りを過ぎて減少しつつあるというほろ苦い自覚もある。冬は自己の閉鎖，不毛，抑うつ感を示唆する。クリスマス・ツリーを描くのは，これらの感情を，退行と依存の願望で補償しようという試みであろう。

絵の季節を決める際に描画の実施時期の影響があったかどうか，描き手に質問すべきである。

□ 樹木画の構造分析例

I. D. のケース

I. D. は最近離婚した46歳の男性である。不安感と抑うつ感のために治療に

入った。結婚の失敗に加えて，最近"会社組織の縮小"の被害者となり，大会社の中間管理職のポストから格下げされそうなときであった。投映描画法は治療1カ月内に実施された。無彩色樹木画（図5.32）の樹冠は，幹にくらべて大きく，I.D.が環境関係の不安を過補償していることを示唆している。茂みを，輪を描くような"渦巻き状"であらわした描線は，一種の熱中的で無計画な取組みを思わせる。さらにまた輪の描線の濃淡が一定していないのは，

図5.32

気分が変わりやすい状態——秩序や方針が明確な意図もなくくるくると変わる緊張と躊躇——を示している。樹冠部の右側がより大きく優勢なのは，前途——つまり未来にあるものに心を奪われていることを示す。左側が次第に細くなっていくのは，失敗した結婚やキャリアーについての感情と平行している。樹冠の中央左寄りにはっきりと一本の垂直線が描かれているのは，自分の過去を自分で切り離したい願望をともなう強い感情に関係している。

幹は相対的に普通のサイズであるが，まったく空虚な外観である。左側の描線がより濃いのは過去に対応するためには強さが必要で，それによる緊張と不安を指している。これは右側の薄い描線とは明らかな対照をなしている。右の描線は内側に傾いていて，右上に伸びている枝と繋がっていない。強さの欠如感と，未来への対応に躊躇と不確実感を感じていることを意味する。

根と地線を示唆するような最も簡単な線もない。全体的に，安定感や安全感，また内的自己との結合感のない人という印象である。

木全体のサイズと用紙の縁への接近は，彼が日常的に出会う限界や彼自身の体験を超えて，目的に到達したい衝動を指し示している。

質問に対しては，自分の無彩色樹木画を"非常に成熟しており"，自分の実年齢とほぼ同じで，活き活きとしていて，季節は夏と見ていた。これは，自分

の欲求を意識的レベルで理想化することにより，問題山積の自己感覚を強化しようとしていることを実証する。

　同じ設定で実施された彩色樹木画（色図版13）を検討すると，まるで別人によって描かれたようであった。この木は，たしかに成熟して活き活きとした見本のように見える。樹冠はバランスがよく，幹のサイズと釣り合いが取れていて，色彩もふさわしく，注意深く適度に陰影がつけられている。枝は茂みと調和している。綿密に見ると，右側がより濃く，未来で待ち受けていることへの対応に多くのエネルギーの必要を感じていることを示す。右に向かっている濃い黒い単線もまた，この点で彼が感じている緊張を反映している。

　幹は強く逞しく見える。ふさわしい色で適度に繊細に色づけされている。I. D. は情緒的表現の機会を与えられると，内的な強さの最適な感覚を明らかにする。

　ここには，適度な濃淡で色づけされた地面のなかに入っている根があり，安定性と結合性の最適な感覚をあらわしている。

　無彩色樹木画と同じように，彩色樹木画はむしろ大きく，用紙の縁を越えることはないが，縁に近い。また，注目される（鏡映される mirrored）ことを望んでいるが，自己環境の限界を越えるようなことは自制する人を意味している。さらに質問に対しては，色彩の木は，成熟したバイタリティ十分な"公園で二本の足で立っている〔自立している〕木"と表現した。鉛筆画の木と違って，より深い情緒的なレベルで自分自身を表現する機会を与えられると，I. D. 本来の強い情緒的能力が見られる。この二つの絵は，投映描画法を使用するとき，このような〔訳注：無彩色描画と彩色描画と両方の〕機会を与える必要性を強調している。I. D. の場合，無彩色描画が表徴するような限定的な日常の実際的世界では，かなりのストレスと自信喪失を体験している。しかし，色彩描画が表象するような表現能力を十分に発揮できる環境では，基本的な強い自己-イメージと内的予備力を示している。

　図5.33と色図版14はI. D. の無彩色と彩色の樹木画で，それぞれ治療開始約1年目に描かれた。

　鉛筆画の樹冠は風変わりな形をしており，右下に沈むように突出している。左側の色濃く襞のような描線と陰影は，過去の生活の残存物によって体験させられた緊張と逃避の願望を示唆している。右側のスケッチ風の流れるような控

図 5.33

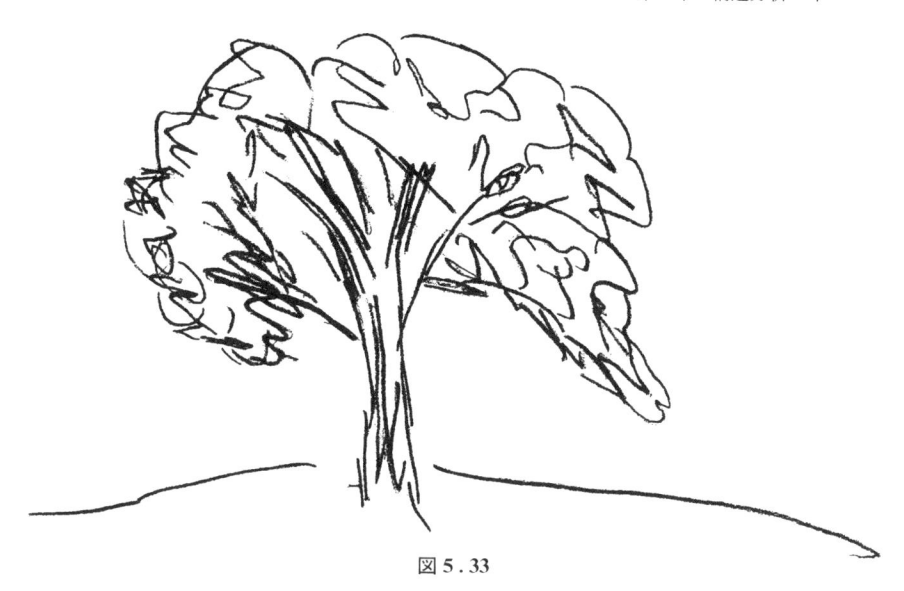

えめの描線は，曖昧で焦点の定まらない感情を引き出している。頭部が低いのは交流のエネルギーの低下を示す。

　幹はかなりスケッチ風の陰影で，下手なまとめかたをしているが，これは内的能力についての悩みを示唆する。幹は樹冠のなかで広く枝分かれをして広がって見える。これは I.D. が，自分の基本的能力は，交流よりも参加の方が適していると感じていることをあらわす。

　地線はあるが幹と接していないのは，現実の世界のなかで，接地の感覚は今生じつつあるけれども十分な安定感と安全感を備えるにはほど遠いことを示している。

　無彩色の木のサイズが最初の木にくらべて小さいのは，I.D. が治療の始め頃にとっていた過補償，過活動の姿勢を取り下げたことを示唆する。絵の調子では，確かに不安や不快気分が強いように見えるし，その証拠としてこの木に100歳の年齢を与えている。生の感覚はもちつづけているが，時の移り変わりを自覚して調節しており（季節は"秋"としている），彼は今，問題の多かった過去と不安定な未来への移行期にあることを感じている。

　彩色の木は，無彩色の木より大幅に改善されているが，最初の彩色画のような明るく漲った活気がない。

樹冠の茂みのバランスは大体とれているが，右側にやや伸びている。枝も幹も右側下方に伸びている。印象としてはまとまりがなく，左に向きを変えた枝分れがある。全体的には，未来よりも過去に対応するためのより堅固な能力を感じる。しかしながら，幹は左側の色が下の方まで薄い。たぶん I. D. は，以前よりももっと効果的に過去の問題に付き合うことができるが，その結果として，内的エネルギーが搾り取られるのを体験している。右側の濃い黒の線は，未来に対応するために自分自身を支える必要をあらわしている。強く描かれた右側の根は，安定性の基礎を新しく築きつつある I. D. の緊張感が加わったように見える。根元のところで幹を分断している濃い緑の描線は，現実的描写を乱しており，これは安定性と内的自己に対応するための強い不安を意味する。

樹冠に赤色とオレンジ色を入れたのは，他との交流における興奮と行動とそしてアンビバレンスの自覚が増してきたことを指すであろう。

無彩色と同様，彩色の木は100歳で，生きており，時は"秋"。治療の始めにくらべると彩色の木は鉛筆の木よりも頑丈で力強く見える一方，I. D. の確信のない不安定な情緒状態も反映している。

この患者は，描画の第二期にビジネスを定着させようと奮闘中であったことに注目すべきである。彼は社会関係も非常に制限されていた。I. D. の樹木画は，毎日の現実的レベルでは自己についての多くの違和感と劣等感の両方を，そして情緒的レベルでは，強い不確実感と安全感の乏しさを反映しているように見える。

第6章

構造分析―人―男性と女性

人物像を構成する関連部分は以下のものがふくまれる。

 A．頭
 B．胴体
 C．手足
 D．全体像
 E．他の特徴

□ A．頭

頭部は，描き手にとって，どの部分またはどんな特徴が焦点になるかにより，多くのさまざまな主観的体験に関連してくる。

1）頭全体

頭全体をそれだけで考えると，主観的には，描き手（あるいは自己対象）の認知能力の体験につながる。これには知的適応性と空想活動性がふくまれる。"実際的手腕がある（Having a good head on one's shoulders）"という言い回しは，一般には知的で明敏な問題解決力を意味し，"空想にふけっている（His head is in the clouds）"とは，過度に観念的か，空想のなかに留まっている人のことをほのめかしている。

省略

頭が隠されている，たとえば物の陰になっているような場合，認知機能に強い不安のある人を意味し，外界に積極的にかかわることから引きこもる傾向をもつ。

頭をまったく描かないのは，明らかに普通ではない。この場合は，認知能力の重大な障害を意味し，思考障害と神経学的障害，あるいはそのいずれかの可能性を示唆している。

サイズと形

大きすぎる頭（頭が身体のサイズにくらべ不釣り合いに長く広い，あるいはそのどちらかである）は，認知機能に対する不安の過補償を意味し，知的技量を顕示するような行動や観念過剰傾向をともなうであろう。

小さすぎる頭は，知的表現行動への不適応感をあらわし，その結果として受動的制止的あるいは引っ込み思案になり，内的過程では抑圧あるいは抑制が生じる。

不規則な輪郭の頭と，楕円形や円形以外の特異な幾何学図形の頭は，サイズの大小にかかわりなく，その人の認知能力の歪みを感じさせる。可能性としては，思考障害と神経学的障害，またはそのいずれかが挙げられる（図6.1）。

頭と身体の連結

頭が，身体と離れて"浮かんでいる"ように見え，首を示すものがない場合，身体の他の部分との関連を認知する能力に重大な障害がある。つまり心-身の統合が崩壊しており，思考障害や神経学的障害の可能性がある。

図6.1

2）全体としての顔

　顔と髪をふくめた造作を描くとき，描き手は，他人にとって自分がどのように見えているかを焦点にする。主観的には，外観への関心，つまり他人に自分をどのように見せることができるか，そして自分の表情から他人は何を読み取るかということに関係している。加えて，顔の各部分はそれぞれ特定の機能につながる主観的な意味をもつ。

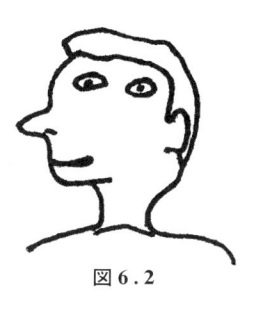

図6.2

姿勢

　頭が，珍しい見え方，たとえば後頭部だけが見えて顔は見えないように描かれた場合は，"世界に直面する"ことを望まない人を意味する。これは自分の外観についての極度の不安をあらわし，過敏，制止，接触を絶つ，などの結果をもたらす。

　横顔の場合は，自分の外観を気にして，他との直接の接触に顔を背けてしまう人を意味する。これは逃避あるいは回避の感情を引き出す。

　混乱した横顔，つまり一部分は横向きで別の部分は正面向きに描かれたような場合，思考と神経学的異常の可能性を示唆するような，自分の外観についての重大な障害を意味する（図6.2）。

髭

　男性像に口髭や顎髭がふくまれているのは，自己や自己対象に固有の特徴とも関係するであろう。髭が愛想のよさ，強さ，あるいは男らしさについての不安を明らかにする場合もある。髭の類は不全感を代償しようとする努力の表徴である。

3）目

　目は，その人の"世界への窓"であり，情報を受けとるだけでなく，態度や気分を反映する。家の窓のように，目は他人と関係する主要な導管である。

"母の目のなかのきらめき"は，"映し返し（mirroring）"過程のメタファー，すなわち極めて重要な自己対象によって誇大的自己が承認されることであり，健康な自己-構造の発達のためには必要なことである。したがって目は，自己対象環境からの情緒的刺激をどのように受け，そしてそれにどのように反応するか，また自分の感情状態を他人に伝える能力をどのように感じているか，その個人にとって計りしれない重要性をもっているのである。

省略
　もし両眼とも描かれないとしたら，他人から感情を受けとったり他人に感情をあらわすことについて深刻な不安感があり，思考障害や神経学的障害の可能性をともなう重篤な引きこもりを意味する。
　もし片目だけが描かれたならば（正面向きで），情緒刺激の受容と反応にかかわるアンビバレンスを意味し，引きこもりと自覚の両傾向をともなう。
　もし片目あるいは両目が，髪の毛や帽子などで隠れているならば，結果的に情緒刺激とのかかわりを回避することになる不安の存在を意味する。

サイズ
　大きすぎる目（頭のサイズにくらべて目が不釣り合いに大きい）は，情緒刺激を受けたり送ったりすることへの過敏性をあらわす。
　小さすぎる目は，回避や引きこもりの感情を示す。
　濃く描かれたり加筆補強された目は，それがどんなサイズであっても，情緒的刺激にかかわることへの不安感と緊張感を示し，妄想反応の可能性を秘めた疑い深さと警戒心を示唆する。

形と構成
　瞳のない輪郭だけの空っぽの円や楕円，あるいは目が描かれていない眼鏡のような目は，見たり見られたりすることを望まず，自己のなかに引きこもってしまう空虚感を伝えてくる。
　全体を塗りつぶした点や円，一本線，非常に狭い隙間のような切れ目，あるいは目を閉じているように瞼や睫毛だけが描かれている場合は，情緒的印象を受けたり伝えたりする能力が非常に制限されている人である。

図6.3   　　　　図6.4   　　　　図6.5

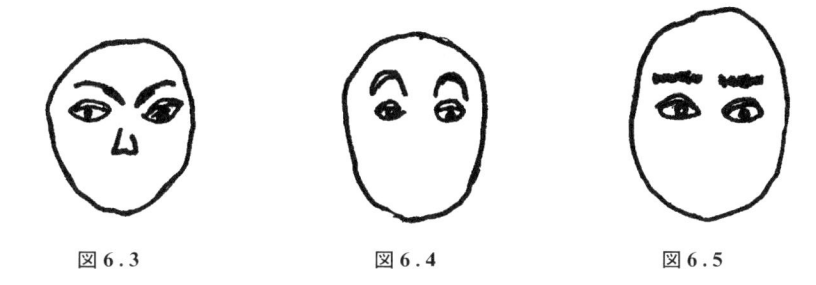

　目に瞼や睫毛が描かれる場合は，情緒的刺激へのかかわりに熱中あるいは敏感な感じをあらわす。もしそれが非常に注意深く描かれているときは強迫神経症的，丹念に凝って描かれているときは顕示的傾向を内包している。

眉毛
　眉毛は，その形によって，情緒的刺激にかかわる描き手の主観的態勢に関していろいろな解釈を広げることができる。
　もし"眉をひそめている"ように鼻に向かって眉毛が傾斜しているならば，敵意の態度である（図6.3）。
　"眉を上げた"あるいは"弓形に曲げた"半円形に描かれているならば，軽蔑の態度を意味する（図6.4）。
　太くあるいは濃く描かれているなら，攻撃的態度と考えられる（図6.5）。

4）耳

　目と同様，耳は主観的には情緒刺激の聴取とそれへの反応に関係がある。

省略
　真正面向きの顔に耳を描かない省略は，引きこもり感（両耳の省略であれば，その程度は激しい）であり，情緒刺激を受けることから生じる不安への対処法である。
　片方または両方の耳が，髪の毛や帽子，顔の向きによって隠れているのは，この不安に，はぐらかしや回避で対応していく感じをあらわす。

サイズ

大きすぎる耳（頭の大きさにくらべて不釣り合いに大きい）は，過敏さをあらわす。

小さすぎる耳は，刺激の回避と自己内への引きこもりを意味している。

濃く描かれたり加筆補強されている耳は，目と同様，サイズに関係なく，疑い深さと警戒心をもって不安に対応しており，妄想傾向を暗示する。

イアリング

男性像や女性像にイアリングがついているのは，情動刺激の受容器である耳よりも，むしろ容姿に関係があると思われる。注意深く描かれているならば強迫的，丹念に修飾して描かれていたなら顕示的反応を示唆する。男性のイアリングの場合は，対抗的態度を意味するかどうか，全体の様子や画像との適合を吟味しなければならない。

5）鼻

鼻は，容姿への関心と，環境とのかかわり方の両方について主観的な意味をもつ。"お節介（being nosy）"，"他人のことに鼻を突っ込む（sticking one's nose into other peoples business）"，"ニュースをかぎつける勘がある（having a nose for news）"のような鼻を用いた表現はすべて，後者の特性を例証している。これらはまた自己主張的側面もふくんでいる。"スキャンダルをかぎつける（sniffing out the dirt）"という表現は，他人と感情的にかかわる方法のひとつとしての嗅覚のプリミティヴな側面をあらわす。

省略

鼻を描かないのは，他人の目に映る自分や情緒刺激へのかかわりについて，深刻な障害があることを意味する。この種の現実否認には，深刻な回避反応を示唆するプリミティヴな感情が存在する。

サイズ

　大きすぎる鼻（頭の大きさにくらべて不釣り合いに大きい）には，自分の容姿と情緒刺激に対する過敏さの補償として，過度の自己主張が推測される。

　特に鼻孔を描いた鼻は，他人との交流の仕方が，よりプリミティヴで攻撃的であることを意味する（図6.6）。

　小さすぎる鼻は，自分の容姿と情緒刺激へのかかわりに対する回避と受動をあらわす。

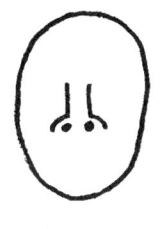

図6.6

6）口

　口は，外界から受けとったり，伝えたりするための基本的身体器官である。生存という根源的問題において，人が受けとるのは食物であり，そして成長するのである。このように，口は情緒的に強い意味をもつ。同じく，内的な自己-状態をどのように言葉であらわすかは，自己-自己対象間の相互関係を確立し調整するためにきわめて重大である。このように，口を描くときに，人は，自己対象の満足（gratification）の源との情緒的交流にかかわる感情を表現するのである。

省略

　顔の絵に口を描かないのは，情緒交流における重大な欠陥，つまり接触不能感を暗示する。これは，大切な他人を厳しく断絶してしまうほどの深刻な引きこもりを体験している人を意味し，重篤なうつ状態を暗示する。

サイズ

　大きすぎる口（頭の大きさにくらべて不釣り合いに大きい）は，重要な自己対象との感情交流に対する不安感をあらわす。大きな口は，"口が軽い（That person has a big mouth）"という表現を思い出させる。つまり，過活動的，自己主張的，攻撃的な接近法をとることによってその不安感を補償するのである。

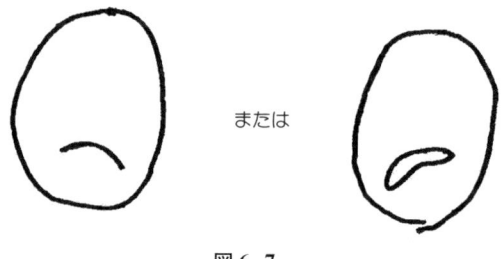

図 6.7

　小さすぎる口は，接触を回避し引きこもることで，感情交流の範囲を縮小することを意味する。その結果として無力感と絶望感，つまり抑うつ感が生じる。

表情
　単線の，真っ直ぐな，口の端が上にも下にも向いていない，つまり"にこりともしない"口を描いた場合，無感情で，どっちつかずの，正体をあらわさない態度を示す。
　単線で切り込みをいれたような，あるいは端を下に曲げて"せせら笑っている"ような口は，敵意ある攻撃感情をあらわす（図 6.7）。
　単線で，両端を大げさに上げて，"歯をむきだして笑っている"ように描かれた口は，過度に注意をひくようにみせかけて，交流への不安を過補償しようとする試みである。
　中がからっぽの円あるいは楕円のように開いた口は，情緒的交流に対する無力な受動性を意味する。

付加物
　口にくわえた煙草，葉巻，パイプは，口唇的（つまり自己対象）満足の源に対する直接的で積極的な関与を意味する。このような自足のポーズをとることで，情緒的補給の不安を過補償していることをあらわす。

7）歯

　歯は，普通は描かれない。はっきりと具体的に描かれた場合，描き手は，情

緒的欲求を受けたり示したりすることへの不安の補償を求めているのかもしれない。

特に，非常に詳しく注意深く描かれたときは，強迫的反応を意味する。

描線が濃い場合は，情緒的交流の緊張感を意味し，その緊張感は攻撃によって開放されるのかもしれない。この解釈は，ギザギザの歯にも当てはまる。

また，弱い輪郭線の歯は情動的欲求を受けとったり表現したりすることに自信がなく，躊躇感をあらわしている。

隙間のある1本か2本の歯は，情緒的交流の未熟性と退行を意味する。

8）顎

顎は，主観的には自己主張や自ら危険に身をさらす意味をふくむ。"顎を突き出す(sticking one's chin out)"という表現は，行動をとる，断固とした態度をとるのを厭わない，という意味である。

省略
顎を描かないのは，自己主張態度を避けて引きこもる強い受動的感情を示す。

サイズ
大きすぎる顎（頭の大きさにくらべて不釣り合いに大きい）は，自己主張的であろうとする不安の過補償を意味し，過度に自己主張的攻撃的反応をする可能性がある。

小さすぎる顎は，受動的感情をあらわし，自己主張する機会からも引きこもってしまうことを示す。

9）髪

しばしば，髪のことを，その人の"最高のもの(crowning glory)"と呼ぶ。それは，他人にとっての自分の容姿，とくに魅力的もしくは性的な好ましさの点で，髪が重要であることを意味する。このように髪は，空想と行動，あるいはそのいずれかにおける誇大的-顕示的衝動と関係がある。正統派ユダヤ教の

女性たちの被りものは，この解釈にふさわしい例で，性的パートナーと認められた夫だけが，本物の髪を直接見られるのである。

省略

髪を描かないのは，画像の性別や描き手の性によってさまざまの主観的意味がある。どの場合も，性的好ましさについての不安感であり，省略はその不安感に対する極端な回避反応を意味する。

図6.8

ひろがり

量の多い髪（つまり，髪が頭の大きさにくらべて多すぎたり広がっている）は，性的魅力についての不安を，過活動，自己主張的で攻撃的な行動，さらに

図6.9

そのような行動を空想することによって過補償することを意味する。

少ない髪は，性的好ましさの感情に関する描き手の受動的あるいは抑止的反応である。

その他の特徴

奇妙な髪，つまり非常に珍しい髪形は，一般に認められている標準を否定することによって，性的好ましさの不安の過補償を試みている。これは描き手の対抗傾向を暗示する（図6.8）。

ばさばさに垂れ下がった，あるいはむさくるしい髪は，性的魅力の自己評価が低いことを意味し，その結果，不快感情を抱いている（図6.9）。

帽子

帽子を描くのは，自分の感情や思考や空想を覆い隠すことにより，性的魅力についての不安を防衛しようとする感じを示している。ただ，その帽子がカウ

ボーイや警官など画像の識別のためなのか，または描き手の防衛的欲求をあらわしているのか，それがどの程度なのか，もしくはこれ以外の意味をもっていないかなどを，検証し決定すべきである。

帽子のサイズは，上述の髪の広がりと同じ意味をもつ。

頭についての最適の表現

頭部に関する意味は，全体と部分によりさまざまである。頭部が，描き手の内的経験の最適表現とみなすには，無彩色・彩色ともに以下のすべての条件に適合しているべきである。

頭全体について引き出される感情は，描き手（あるいは関連した自己対象）の知的適応と空想活動をふくむ認知能力に関したものである。頭全体の最適な表現は以下を要件とする：

 適度の描線の質と濃淡；
 輪郭に用いられた適切な色，つまり，黒，茶，黄，オレンジ，赤であって，青，緑，紫ではない；
 適度なサイズ（身体の大きさに釣り合った）；
 楕円形か円形；
 頭と身体の接合。

全体としての顔を検討すると，その主観的な意味は，他人にはどのように見えるかという描き手の関心である（鼻とイアリングもまたこの意味にかかわっている）。最適の表現は以下を要件とする：

 顔は正面向きか，わずかに斜め向きの全体；
 適度の描線と濃淡であること；
 顔色に用いられた色は適切であること（"頭全体"を参照）；
 髭などの毛がないこと；
 鼻は適度の描線と濃淡であること；
 鼻は適度な大きさであること（頭のサイズに釣り合った）；
 イアリング（もし付いているなら）は適度の描線とサイズと形であること。

目と耳は，情緒刺激を受けて反応することへの描き手の感情に関係がある（加えて，目は情緒状態を伝える能力も意味する）。

最も望ましいのは，これらの部分が以下の特徴をもっていることである：

両眼と両耳が示されていること；
適度の描線と濃淡であること；
目に用いられた色は適切であること——赤，オレンジ，黄以外はすべてよろしい；
耳に用いられた色は適切であること——青，緑，紫以外はすべてよろしい；
目と耳は適度な大きさであること（頭のサイズに釣り合った）；
目は，輪郭と瞳が描かれていて，塗りつぶした点や円，切れ目ではなく，閉じていないこと。
眉（もし描かれているならば）は，かすかに弓形で，適度な描線と濃淡であり，傾斜したり，完全な半円形ではないこと。

口は情緒的交流にかかわる感情をあらわす。最も望ましいのは，以下の要件を満たしていること：

適度の描線と濃淡であること；
適切な色であること——青，緑，紫以外のすべて；
適度な大きさ（頭のサイズに釣り合った）；
上唇と下唇がはっきり区別されていること（それぞれが結びついていて，からっぽの円のように開いていないこと），あるいは単線で描かれている場合，端は上向きであること；
煙草，葉巻，パイプをくわえていないこと；
もし歯が描かれているなら，適度な描線で，詳しく丹念だったりギザギザ状でなく，また歯の間が空いていないこと。

髪はそのひとの性的魅力や好ましさについての関心をあらわす。最も望ましいのは，画像が以下のような髪であること：

適度の描線と濃淡；
ふさわしい色——青と緑以外のすべて；
適度な量（頭の大きさに釣り合った）；
奇異，ぼさぼさ，あるいは乱雑に描かれていない；
その姿に合っていない限り，帽子はない。

□ B．胴体

胴体は首，肩，胴の部分をふくみ，胴には軀幹，胸郭，前胸部，ウエスト，正中線，股，腰，臀部をふくむ。

1）首

首は，主観的には，思考・空想・感情のような心（頭）のなかで起きる認知活動と，"心と関係のない"身体（衝動）の物理的作用との間の導管である。つまり，通路——仲介機関——であって，そこにおいて心-身の体験をコントロールするという意味で，固有の統合や調整が起きると推測される。たとえば，"太い首の持ち主（having a thick neck）"という表現は，頑固，つまり思考と行動を柔軟に対応させる能力が少ないという見方をあらわす。"首を突き出す（sticking your neck out）"は一か八か賭けてみる，すなわち良い決定のためのコントロールを放棄することを意味する。

省略
　頭が直接肩や胴体にのっていたり，首や胴体が衿のような衣類で区分されていない場合は，身体行動の知的統合や調整が鋭敏でなく，具体的で，無分別であり，コントロールが低下している（図6.10）。首がなく，しかも頭が明らかに胴体から離れている場合は，身体反応のコントロールがまったく欠如していることを意味し，解離行動と思考障害，またはそのいずれかの可能性がある。

図 6.10

サイズと形

長すぎる首（頭と胴体のサイズにくらべ不釣り合いに長い）は，自己統制が不十分なことに由来する衝動行為の可能性があり，その不安のため思考と行動の間に距離をおきたいという描き手の欲求を意味する。コントロールに歪みを生じさせるような行動・感情・空想を，身体的に抑止することを意味する。

長くて細い首は，コントロールの失われる可能性がさらに大きい状況からの引きこもりと分離を意味し，抑止の意味がさらに強くなる。

太すぎる首は，心身の統合とコントロールへの没頭を意味する。その結果，柔軟性が失われた支配的な態度が暗示される。太い首には威圧的な軍曹のイメージが浮かんでくる。

小さすぎる首は，コントロールに問題があることを自覚してはいるが，心身の統合に重圧感を感じている人である。行動の統制に知的手段を用いる能力は乏しいが，受動的あるいは抑止的すぎる態度をとることはできる。

過度に短くて広い首は，知的手段によっても行動の圧縮によっても衝動行為のコントロールができない人を意味する。

首が一本線であらわされているときは，身体的衝動をコントロールする力が非常に不足している人である。

頭と胴への首の接合

首が，頭には繋がっているが胴から離れている場合，その意味は，認知機能の行動コントロール力が不足していることである。

首が胴体には繋がっているが頭から離れている場合は，知的な資源，つまり衝動行動をコントロールする態度や空想を，利用できないことを意味する。

この頭と首と胴の離れ具合によっては，思考障害の可能性がある。

首はあるが，服を着ていて首の線や衿の線が見えない場合，その人は，心の中で身体的衝動の流れが堰き止められていることを体験している（図6.11）。

図 6.11

2）肩

　肩は，主観的には，重荷を負う能力と関係している。つまり責任を引き受ける能力である。"責任を肩に担ぐ(shouldering responsibility)"という表現は，肩の部分の描画が意味する内的過程に直接関係がある。

図6.12

省略

　正面向きか，やや斜め向きで肩が描かれていない人物像，つまり頭から直接胴が伸び，胴から腕が出ているのは，極度の責任回避を意味し，強い無力感を暗示する。神経学的障害あるいは精神遅滞が潜在している可能性が指摘される（図6.12）。

サイズと形

　大きすぎる肩（胴体のサイズにくらべ不釣り合いに広い）は，責任を負う能力不足を感じているための過補償欲求を意味する。そのため，状況を支配したり，法外な権力を身につけようとする人の感情をあらわしている。

　小さすぎる肩は，能力不足を自覚していて，責任を負う必要のある状況からも退却や受動的姿勢をとる傾向の人を意味する。

　角張った肩は，責任ある行動が必要な状況では頑固な不動の姿勢をとる人をあらわす。

　下がり肩は，責任の"重荷"を負うことへの抑うつ感をひきだしている。

　両肩のサイズが等しくないのは，一方では責任を引き受ける能力があると感じ，他方では自信がない，アンビバレントな感情をあらわしている。

3）軀幹

　鎖骨から股の間の区域は，主観的には基本的強さの感情が軀幹部分から生じるという点で，木の幹と同じ意味をもつ。すなわち，この世界で機能するため

の"内的資質"をもっているかどうかで、いかに自分自身を有能あるいは妥当と感じるか、ということである。

省略
胴体を描かない、つまり頭からそのまま手足が出ているのは、重篤な退行——内的力の感覚がない——を意味し、思考障害か神経学的障害、あるいは精神遅滞の可能性をともなう（図6.13）。

図 6.13

サイズと形
長すぎる胴体（身体全体のサイズにくらべ不釣り合いに長い）は、内的力の欠乏感のため"やせ細るほど全力を尽くす（extending oneself too thin）"ことによって過補償することを意味する。つまり過活動である。

太すぎる胴体は、"のさばる（taking up a lot of space）"、つまり要求が多すぎたり権威主義的な姿勢をとることによって、力不足を過補償する感じをあらわす。

小さすぎる胴体は、描き手の力不足感をあらわし、受動的で抑制的な行為をともなう。

細い胴体は、他人との交流から引きこもってしまうような力不足を意味する。

短く広すぎる胴体は、小さいけれども刺激すると獰猛な"ブルテリア"のような存在感を示す人である。

以下述べる胴体の各部分は、主観的には、胴体と結びついた内的力のさまざまなテーマと関係がある。

3a）胸郭

ふつう、胸郭は男性像の描画のものとみなされている。胴体が、より一般的な強さの意味をあらわすとしたら、胸郭は特に支配力（power）を意味する。その主観的な意味は、描き手の性によって、また焦点が自己かまたは重要な自己対象のどちらであるかによって、変化するであろう。

サイズ

　軀幹と同様で，たとえば太すぎる胸郭は"屈強な男（he-man）"の（威張りくさった）態度をとることによって，支配力の欠乏感を過補償している人を感じさせる。

　狭すぎる胸郭は，力不足感をあらわし，行動は受動的で服従的である。

　男性の胸郭が裸のままで描かれているならば，無力感の顕示的過補償を意味する。これがもし男性の描き手によるものであれば，自己かあるいは自己対象に関連しており，女性によるものなら自己対象に関連している。

3b) 前胸部〔乳房〕

　一般に，この部分は女性像の描画のものとみなされている。乳房は，依存性，満足，性的能力と性的魅力の源の意味を内包している。理論的には，子どもが依存している基本的自己対象欲求，たとえば養育や援助や承認が与えられなければ，結果として見捨てられと崩壊の不安感が生じ，それが性的攻撃的衝動を派生させることになるであろう。このように，描き手が乳房をどのように扱うかは，基本的な自己と自己対象関係のそれぞれの相対的な成熟度に応じて，豊富な洞察を与えてくれるのである。

省略

　成人の女性像に乳房が描かれないのは，依存欲求が基本的に満たされなかった不満感を意味する（もし女性像が子どもとして描かれたなら，その欲求不満感の回避を意味する）。男性の描き手が，成人女性像の描画に乳房を描かないのは，依存欲求充足のより強い否認と，女性の自己対象を性的に未熟な人として知覚していることを意味する。それが女性の描き手の場合は，自己-体験のなかに養育や性に関しての成熟感がないか，あるいは女性の自己対象に対してそのように感じていることを示す。

サイズ

　大きすぎる乳房（身体のサイズにくらべ不釣り合いに大きい）は，依存の欲

求充足についての不安と，性的能力や魅力についての不安の過補償を意味する。

もし男性の描き手ならば，そこに引き出される感情は，女性の自己対象への関心が，主に養育能力を軸にして回っている。もし性的に挑発するように描いているなら，女性の性的能力と好ましさを過度に誇張し理想化することによって，不適切な依存欲求を補償している。これには覗き見的行動の可能性がある。

もしそれが女性の描き手ならば，女性の自己対象による依存欲求充足に関しては，上と同様の解釈ができる。さらに，自己については，依存欲求充足の源としても，性的能力と好ましさについても，ともに不十分であると感じている結果の顕示的補償の意味が加わる。

小さすぎる乳房は，依存欲求充足を与える者として，あるいは性的能力と好ましさの源として，描かれた女性の不適切感を引き出している。

もしこれを男性が描いたなら，女性の自己対象に対する過小評価あるいは蔑視を意味する。

もし女性が描いたなら，同じく女性の自己対象に対する過小評価あるいは蔑視の態度と，さらに女性としての自分の劣等感，そしておそらく性同一性の問題を示唆する。

裸の乳房

何か着たり上を覆ったりしたような形跡のない女性の乳房が，男性によって描かれたとしたら覗き見趣味的感情である。もし女性が描いたなら，露出症である。両方とも社会規範に従わない，未熟な対抗主義を意味する。

裸の乳房，あるいは乳房らしい突起が，裸でも着衣でも男性像に描かれたなら，男性の自己対象が，依存や満足（gratification）や，さらに性的能力の主な源になっている可能性を意味する。これは，どちらの性によって描かれたとしても，自己対象欲求満足についての歪められた退行感情である。男性の描き手の場合は，性同一性の混乱の意味が加わる。

3c) ウエスト

胴体の中央部を取り巻く部分は，主観的意味では，身体の上部と下部の，あるいは性的領域の分割線である。"ベルトにもうひとつ刻み目をつける（putting another notch on your belt）"は，女性を口説き落とした性的成果の記録，を意味するくだけた表現である。"ベルトを引く（pulling in your belt）"は"困難に耐える"ことで，空腹を切り抜けるという意味であり，つまりコントロールを働かせて自制することである。次に述べるように，描き手にとっての自己-体験は，要するに性的行動の抑制あるいはコントロールであろう。

省略

しばしば，男性像も女性像も特にウエストに注意を払って描かれることはない。女性も男性もともに裾がウエストの下までくるようなジャケットを着ていたり，ドレスを着た女性像もこの例に入る。しかし，ズボンをはいてジャケットを着ていない男性像や女性像で，上下を分ける何らかの線（通常はベルト）の表示がない場合，性的行動の抑制やコントロールの欲求回避を意味する。

ウエストを区分する物のサイズと詳細

ウエストを区分する物が大きすぎる（身体のサイズにくらべ不釣り合いに大きい）のは，性行為の抑制やコントロールについての不安を，過度に制限するようなコントロールの手段を用い，過補償している人の感情をあらわす。もし，この区分する物が丹念に描写されていたならば，抑制やコントロールに強迫的に努力している人を意味する。

そのサイズが小さすぎるのは，性的行動を抑制しコントロールするという課題に対し，強い不適応感と重圧感を感じている人を意味する。

3d) 正中線

人物像には，しばしば胴体を縦に二分する中央線〔正中線という〕上に，何か注意をひくものが描かれることがある。衣服の縁やボタン，ネクタイやネッ

クレスのようなもので示される。このような中央線をあらわすものの省略は特に意味はなく，もし描かれた場合は，胸や胴体が主観的に内包している強さや力を修飾していると考える。

ボタン

ボタンは，衣服をふさわしい場所に確実に固定しておくという意味がある。発達的にみると子どもはボタンをとめるのに助けを必要とする。したがって，ボタンのもつ主観的意味は，内的強さに限界があって，安全を期するには他に依存しなければならないときに人前に出るには自己対象の助けが必要である，ということに関係している。

サイズと数と形

（その衣類のタイプにとって不釣り合いに）ボタンが大きすぎたり，数が著しく多い場合は，安全獲得欲求への没頭を意味する。それと関連して，注目牽引欲求，あるいは依存傾向をふくみ，それには自己対象との結びつきへの衝動的欲求をともなう。

装飾的に丹念に作られたボタンは，依存欲求の満足を求めての顕示的行動を意味する。

ボタンが小さすぎたり数が少ないのは，必要とする依存欲求が満たされていない感じと受動的感情をあらわす。

垂直線あるいは下げるもの

ジャケットやシャツの縁のような垂直線を描くのは，主観的に内的強さや力と関連する身体領域へと注目を引こうとしているのである。サイズよりも，描線や濃淡のバリエーションの方が，内的素質についての不安感や緊張，あるいは不確実感を示す場合が多い。

胸の中央に下がるネクタイは，形式や体面を意味し，能力強化への関心を示す。

大きすぎたり，凝っているネクタイは，人目をひくことによる力不足感の過補償を意味する。

小さすぎるネクタイは，描き手（あるいは重要な自己対象）が力不足なのに

いかにも実力があるかのようにみせかける中途半端な試みを意味する。

胸の中央に下がっている服飾品や宝飾品を描いた女性像（ときには男性像）は，魅力的な品物で注意をそらすことにより不全感を補償しようとする試みをあらわしている。

図 6.14

3e）股の部分

股の部分の描画には，ズボンかショーツ姿を描いた場合，ファスナーと，（全体の足の線から区別できれば）脚の上の線，あるいはそのどちらかがふくまれる。ドレスやスカートや長い衣服を着ている場合は脚とつながる部分をさす。何も着ていなければ，性器がふくまれる（図6.14）。

この部分の描画に関する主観的体験は性的適応性の意味に直接関係がある。

省略

たとえば長い服を着ているような場合，股の部分に何もなければ，その描画には性的適応性についての自己-言及は反映していない。けれども，脚が胴体へまっすぐ繋がって，股の部分を特定できないような描き方の場合は，強い不安を意味し，性行動の回避や制止をもたらす（図6.15）。

ジャケットやシャツの縦縁として描かれた垂直線と同様に，ズボンのファスナーや服を着た人の脚が接合する領域は，サイズよりも描線や濃淡により多くのバリエーションがあり，性的適応性についての不安や緊張，不確実感をあらわす。ズボンをはいた人物の脚の線が股に繋がっていないときにも不安が推測される。

性器

通常は性器が示されることはない。性器が描かれる場合は，自分か重要な自己対象の性的能力について，強い不安

図 6.15

を体験している人を意味する。これは，描き手の性同一性の不安定感と関係があろう。描き手と同性の性器が描かれた場合は，露出傾向の補償反応であり，反対の性の場合は覗き見的性向を意味する。

サイズ

大きすぎる性器（身体の大きさにくらべて不釣り合いに大きい）は，上記の意味に加えて，行動コントロール力が欠如していることを示す。

小さすぎる性器は，過度の行動抑止傾向をともなった不適応感の側面が加わる。

3f) 腰と臀部

胴体のこの部分は，外に出ている脚や衣類の線と区別できるように描かれない場合が多い。正面向きか少々斜め向きの人物像なら，腰の部分は見える。横向きあるいは後ろ向きの場合は臀部を見ることができるだろう。これらのどちらかが，描線や濃淡によって特に目立っている場合，その主観的意味は，自己あるいは重要な自己対象の性同一性についての感情をあらわす。

サイズ

大きすぎる腰または臀部（身体の大きさにくらべて不釣り合いに大きい）は，男性によって描かれた男性像では，自分自身（または男性の自己対象）の性同一性の不確実感あるいは混乱の意味をあらわす。もしも男性の描き手による女性像ならば，女性の自己対象が，その画像のように満足を与えることができるかどうかの不安があり，それに対する過補償を反映している。

もし女性によって描かれた男性像ならば，その男性をよく知っている母性的自己対象を連想させるような感情の置き換えをあらわしているかもしれない。女性による女性像ならば，自分自身あるいは女性の自己対象の性同一性不安の過補償を反映しているであろう。

小さすぎる腰または臀部は，描き手や画像の性とは無関係に，自己または自己対象の男性性あるいは女性性についての虚弱感と不適応感をあらわす。

裸の臀部

横向きか真うしろ向きで，何も身につけずに臀部が描かれるという例外的な状況は，描き手が日常の慣習を無視していることを意味する。話し言葉で"mooning"というのは，反抗や軽蔑をあらわすために裸の尻を露出してみせることを指す。このように臀部が見えるように裸の人物を描くのは，自己か自己対象の性同一性の不安によって強められた未熟性，対抗主義，窃視症，露出症をあらわす。

胴体についての最適の表現

胴体のいろいろな部分と関連した主観的意味は，彩色・無彩色ともに，以下の条件に適合すれば，最適な反映を示す。

首については，描き手の心身体験のコントロールと関連する。首の最適の表現は以下を要件とする：

適度の描線の質と濃淡であること；
肌の彩色に用いられた色は適切であること——黒，茶，黄，オレンジ，赤であって，青，緑，紫ではない（衣類にはどんな色でもよい）；
適度の大きさと形であること（胴体のサイズと形に釣り合った）；
首と頭と胴体は繋がっていること。

肩は，主観的には責任を引き受ける能力に関連している。最適の表現は以下の要件を満たすこと：

適度の描線の質と濃淡であること；
適度の大きさと形であること（胴体のサイズと形に釣り合った）；
肩は衣類をまとっており，裸ではないこと（衣類にはどんな色でもよい）。

軀幹は内的な強さの感情につながる。最もふさわしいのは画像が以下の要件をふくむこと：

適度の描線の質と濃淡であること；

適度の大きさと形であること（胴体のサイズと形に釣り合った）；

軀幹は衣類をまとっており，裸ではないこと（衣類にはどんな色でもよい）。

　男性の胸郭は力の感情を引き出す。最もふさわしいのは以下の要件をふくむこと：

適度の描線の質と濃淡であること；

適度の大きさと形であること（胴体のサイズと形に釣り合った）；

軀幹は衣類をまとっており，裸ではないこと（衣類にはどんな色でもよい）。

　前胸部〔乳房〕は依存，欲求充足と性的能力，性的魅力の両方の意味をふくむ。最もふさわしいのは以下の要件をふくむこと：

適度の描線の質と濃淡であること；

適度の大きさと形であること（胴体のサイズと形に釣り合った）；

前胸部は衣類をまとっており，裸ではないこと（衣類にはどんな色でもよい）；

乳房は男性像には描かれない。

　ウエストは，性行動の包み込み，あるいは性的コントロールの主観的意味をもつ。もしウエストをわけるものが描かれているならば，最もふさわしい表現は以下をふくむ：

適度の描線の質と濃淡であること；

適度の大きさ（胴体のサイズと形に釣り合った）と，細部描写であること。

ウエストを分けるものに用いられる色はどんな色でもよい。

正中線は力または強さの基本的感覚のバリエーションと関係がある。それがボタンで示されれば，その主観的意味は安全を得るための他への依存である。衣類の垂直線あるいは下がっている物であらわされるならば，適応感の調節をあらわす。こうしたさまざまの表現は，最適には，以下の要件をふくんでいること：

　　すべては適度の描線の質と濃淡であること；
　　ボタンは適度の大きさと数と形であること；
　　ネクタイ（その他下がるもの）は適度の大きさと装飾であること；
　　正中線をあらわすために用いた色はどんな色でもよい。

股の部分は主観的には性的適応性の意味に関連している。最適の表現は以下の要件をふくんでいること：

　　適度の描線の質と濃淡であること；
　　ズボンをはいた脚の線と繋がっていること；
　　この部分は衣類をまとっていること（性器は露出されない）；
　　衣類に用いた色はどんな色でもよい。

腰と臀部は性同一性の意味とかかわりがある。最も相応しいのは以下をふくむ：

　　適度の描線の質と濃淡であること；
　　適度の大きさであること（胴体のサイズに釣り合った）；
　　この部分は衣類をまとっていること（臀部は露出されない）；
　　衣類に用いた色はどんな色でもよい。

□ C. 四肢

四肢には腕，手，脚，足（靴）をふくむ。

1）腕

　腕は，胴体から出て手までの領域をふくみ，裸あるいは衣類をつけて描かれる。腕は，主観的には，目的を実行し，外に向かって手を伸ばし，自己対象満足の源と接触する，つまり環境と結びつくための能力に関係がある。

省略

　片腕か両腕が省略された場合，その省略の仕方が重要である。正面向きの人物に明らかに片腕が描かれていないのは，環境への接触を妨げる何かがあり，抑圧的過程を意味する。内的葛藤感情はアンビバレント状態を生じさせる。すなわち，その人はいくぶんかは接触を試みようという気になっているが，いくぶんかはそれを抑えているのである。

　もし両腕が描かれていなければ，そこでの感情はもっと深刻である。それは無力感，脆弱感，不確実感であり，幼児期状態への退行過程を示唆する。またその感情は，損なわれた身体像，抑うつ，引きこもり，歪んだ現実認知をともなう。

　正面向きの人物の片腕が完全に隠されているか，斜め向きや横向きのために片腕が見えない場合は，環境と接触することについて，描き手の潜在的なアンビバレントな反応としてよりも，もっと意識的な回避過程を意味する。

　もし両腕が完全に隠れている（腕を後ろに回しているような）ならば，あたかも見ている人から何かを隠しているような強い回避と圧縮感があり，周囲との接触能力はひどく収縮する。

　片腕が不完全だったり，部分的に隠れていたり，用紙の端で切れている場合，回避とアンビバレンスに加えて，行動の圧縮と抑止がふくまれる。

　両腕が上記のように不完全に描かれていると，アンビバレンスと回避の意味は少なくなるが，外界との相互連結能力を抑止・圧縮する強制的な衝迫が増す。

サイズと形

　長すぎる腕（身体の大きさにくらべて不釣り合いに長い）は，環境との接触

についての不適応感を，過活動つまり無理な背伸びによって過補償することを意味する。

太すぎる腕は，関係を結ぶことへの無能感を，過度に統制的あるいは傲慢さによって過補償している人の感情をあらわす。

筋肉をはっきりと描いた腕は（その長さや太さに関係なく），描き手が自分（あるいは自己対象）の強さと環境との接触能力を，自己主張的あるいは攻撃的姿勢を通して（人物の表現とポーズによって）強調するという要素が加わる。

過度に小さい腕は，不適応感と抑止感と受動感をあらわす。腕が波うっているリボンのように描かれた場合は，強い受動性と不適応感を意味し，神経学的障害の可能性が生じる。

一本線の腕は，環境との接触に重大な不適応感があることをあらわしている。

大きさが不同の両腕（二本の腕の長さや太さが明らかに同じでない）は，環境との接触能力へのアンビバレントな感情を伝える。一貫性のない態度表現には，根底に受動-攻撃的な行動傾向があるかもしれない。2本の腕に極端な違いがあるのは，神経学的障害かあるいは精神遅滞の存在を指し示す。

腕が翼のように描かれた場合は，思考障害か神経学的障害の可能性をともなう現実認知の歪曲である（図6.16）。

姿勢

胸の前に交差した腕は，環境との交流体験についての警戒感，疑い深さ，敵意感情をあらわす（図6.17）。

腕が身体の前で交差して描かれた場合は，相互関係を封鎖することでさらに強い自己防衛をあらわす（図6.18）。

腕を身体にぴっしりと押しつけている（身体と腕の間に隙間が見えない）のは，硬直感と抑止感をひき出している（図6.19）。

もし腕が身体のなかに包まれるように描かれているならば，強い圧縮を意味する（図6.20）。

両手を腰に当て肘を張っているのは"余計なお節介をするな（don't mess with me）"という意味で，攻撃的防衛態度を伝える（図6.21）。

身体から離れているが腰に向けて曲がっている腕は，同じく攻撃的な，おそ

らく脅迫的な感情をあらわしている（図6.22）。

完全に外に向けて伸ばした腕は，他との交流を過剰に熱望している人を意味する（図6.23）。

胴体から完全に分離してしまった腕は，他との交流に対する強い不安感をあらわす。これは解離行動の可能性をともなう現実歪曲を示唆する（図6.24）。

腕が，肩からではなく胴体から伸びているのは，現実歪曲に加えて，深刻な認知異常があり，神経学的障害か精神遅滞の可能性を示唆する人である（図6.25）。

さらに重大なのは，腕が顔から出ているように描かれることで，これは幼児の描画の印象であるが，成人の場合は，神経学的障害か精神遅滞の可能性をともなう深い退行を示唆する（図6.26）。

透明性

衣類を通して腕が見えるように描いた場合の主観的意味は，現実的知覚との断絶である。その表現の範囲や程度により，たとえば単に描くのを急いだ結果ということもある。したがって，ここでの透明性の意味は，自己愛的な自己-没頭のために環境との接触が不注意で軽率な結果を示す場合から，思考障害の可能性までにわたる（図6.27）。

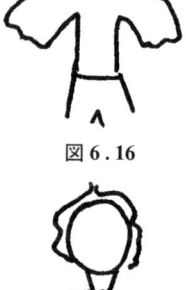

図6.16

図6.17

図6.18

図6.19　　　図6.20　　　図6.21

2）手

　手は，凹み（手首）や服の袖口の線によって腕と区別できる部分である。輪郭のある，あるいはそれとなくわかるように描かれた指も，手にふくめる。
　主観的な意味では，手は，環境，自己対象欲求の満足の根源，そして接触能力の精巧な延長部分である。手は，正確で細かく，あるいは荒っぽく攻撃的に，人を操作することができる。手を描くことによって引き出される意味とは，環境をコントロールする能力，自己対象の経験を直接にとり扱う能力である。

省略
　両腕があるのに，明らかに手の片方だけが描かれていない場合は，（腕と同様）思考過程の途絶と，コントロールへの潜在的なアンビバレント感情を示す。もう一方の手が描かれていることから考えると，片手はコントロールへの不安と葛藤しながら，他方の手では環境と接触し

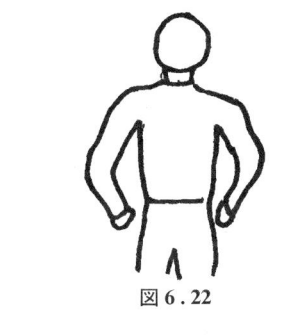

図 6.22

図 6.23

図 6.24

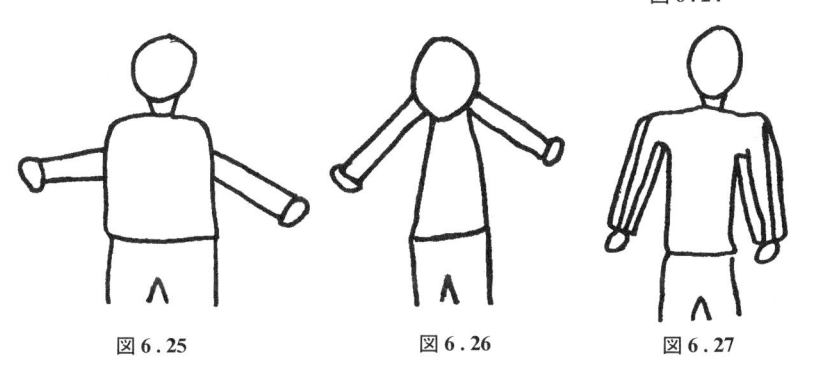

図 6.25　　　　図 6.26　　　　図 6.27

たいという願望を意味する。

　両手が描かれない場合は（両腕が描かれない場合と同じく），重大な不適応感，損なわれた身体像，歪んだ現実知覚を意味する。両腕が描かれていれば，接触したいという願望と，効果的なコントロールを働かせることへの躊躇との間に内的葛藤がある。

　ポケットに入っていたり後ろに回っていたり，あるいはその人物が斜め向きや横向きのため，片手が完全に隠れているのは，コントロールを働かせることを回避する意味である。

　両手が完全に（あたかもその人が何かを隠し持っているかのように）隠れているのは，より重大な回避と，（行動を我慢しているかのような）圧縮とが結合した感情をあらわす。

　片手が，不完全に描かれていたり，部分的に隠れていたり，用紙の端で切れている場合は，アンビバレンス，圧縮，抑止の感情を示す。

　これが両手の場合は，環境のコントロールについてのより強い葛藤を意味する。

サイズと形

　大きすぎる手（腕の大きさにくらべて不釣り合いに長くて広いか，そのどちらか）は，環境のコントロールについての不適応感を，過度の活動性や自己主張，つまりやりすぎによって過補償していることを意味する。

　過度に小さい手は，これと反対に，コントロールを働かせるにはあまりにも不適応なので，受動的で抑止的にふるまう人をあらわす。

　手を横から描いた場合（親指の輪郭しか見えないような）は，周囲をコント

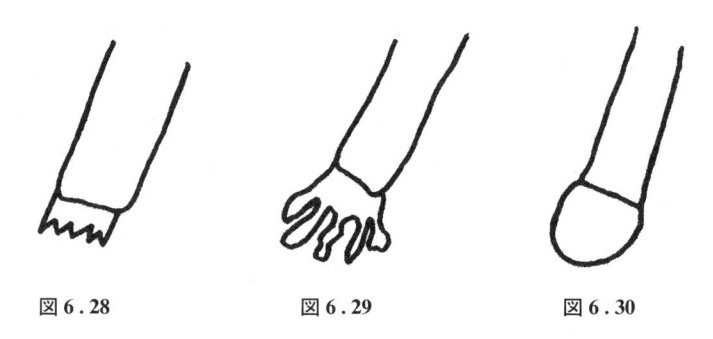

図 6 . 28　　　　　　図 6 . 29　　　　　　図 6 . 30

ロールする努力を抑えている人を意味する。

尖った指の小さい手は，不適応感をもちながら，コントロールのために秘密めいた敵意あるやり方で行動する人を意味する（図6.28）。

弱々しくてしまりのない，ふにゃふにゃの手は，大きさに関係なく，強い不適応感を意味する（図6.29）。

指がなく円形あるいは楕円形で描かれた手は不適応感と無力感を意味する（図6.30）。

一本線（直線）の指が輪で括られたように描かれている場合は，コントロールの努力を抑制したり圧縮している人の感情を示す（図6.31）。

輪から直線の指が飛び出している場合，その印象は子どもの絵のようであり，場をコントロールする試みからの後退と，攻撃的で調整されない行動を示唆する（図6.32）。

掌のない指だけの絵（腕か袖に直接指がついている）も，同じような感情であるが，行動が鈍い可能性がある（図6.33）。

普通か大きめの手でクギのような指（先端が尖っているか，鋭い爪または鉤爪のように見える）の場合は，コントロールを試みながら，敵意と攻撃の強い感情をもった行動をとることを伝えている（図6.34）。

手が握り拳のように描かれた場合（指や指の関節を握りしめたように見える描線），コントロールすることへの怒りと挑戦を意味する（図6.35）。

手袋で手を覆うように描かれた場合，コントロールについての感情をあらわにせず，より洗練された形で，柔らかく間接的に対人交流にアプローチする人を意味する（図6.36）。

ミトンをつけた手は子どもっぽい感情を引き出し，退行と未分化な交流の仕方を示唆する（図6.37）。

花弁のような（丸くて短く肥っていて先端が丸い）指

図6.31

図6.32

図6.33

図6.34

や，輪郭が不規則だったり，サイズが違う手は，すべて退行的で，現実歪曲とコントロール欠如を意味し，神経学的障害を示唆する（図6.38）。

姿勢

物をつかんでいる手を描いた場合，その意味は，コントロールを成就することへの不安の補償である。この解釈は，握っているものの特徴によってもっと詳しくなる。

骨盤のあたりを覆うようにしている手は，（"骨盤防御"），性的不安をコントロールしようとする試みである（図6.39）。

手と腕，指と手が分離している場合は現実歪曲を意味し，解離行動の可能性をともなう。

指の数と追加特徴

指の数が少ないのは（手の全体は見えるのに，輪郭で描かれた指は5本より少ない），コントロールへの不適応感を意味する。

多い場合（手の全体は見えるのに，輪郭で描かれた指は5本より多い）は，コントロールの試みに対し過剰に活動的で熱心すぎる感じを伝える。

指の関節や爪が過度に入念に描かれている場合は，コント

図6.35

図6.36

図6.37

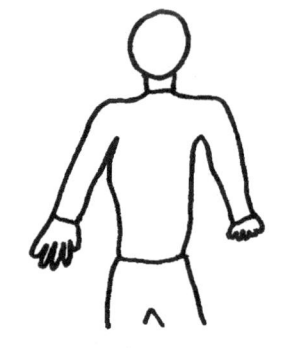

図6.38

ロールの不安に対する強迫的な補償を意味する。

3）脚

　脚は股の下から足の上までをふくむ部分で，裸か衣類をまとって描かれる。主観的には，脚は何らかの目的，たとえば欲求充足の源に近づいたり，危険から逃避したり，あるいは自活のために自分の居場所を変えるなどの能力と関係がある。つまり，社会におけるその人の機動性といえる。

図6.39

省略
　正面向きの人物に片脚が明らかに描かれていない場合，片腕の省略と同様，社会のなかでうまくやっていくことについての思考阻止を意味する。
　もし両脚が描かれていないならば，まったくの無能感と不適応感である。
　片脚が何かで完全に隠れたり，斜めや横向きの人物像のため片脚が見えないのは，社会での機動性について潜在的アンビバレンスがあり，それに対する回避感情である。
　両脚が，たとえば机の陰になっていて完全に見えないのは，機動性についての強い抵抗と回避を意味する。
　片脚が不完全だったり，部分的に隠れていたり，用紙の端（通常は下端）で一部分が切れている場合は，そのアンビバレンスが強く，結果として，行動の萎縮と抑止が生じる。
　両脚ともに，上記のように描かれた場合は，これらの感情の激しさがより強調される。

サイズと形
　長すぎる脚（身体のサイズにくらべて不釣り合いに長い）は，機動力についての不適応感を，過剰活動や行き過ぎた熱心さによって過補償することを意味する。
　太すぎる脚は，機動への試みに専念することで過補償している，つまりコントロール過剰の人を意味する。

筋肉質の脚（長さや太さに関係なく）は，（その人物の表現や姿勢によっては）自己主張か攻撃感情が加わる。

過度に短く細い，あるいはそのどちらかの脚は，社会における機動の試みに対し不適応感と抑止感があり，受動的であることを意味する。ひらひらとした波のような，リボンのような脚は，深刻な受動性と不適応感を意味し，神経学的障害の可能性がある。

一本線で描かれた脚は重大な不適応感をあらわす。

サイズの違う両脚（2本の脚の長さか太さが明らかに同じでない）は，機動性についてのアンビバレンスをあらわし，受動的であると同時に自己主張的あるいは攻撃的な両方向を示唆する。両脚の違いが極端な場合は，神経学的障害か精神遅滞を示している。

姿勢

きっちりとくっついた（両脚の区切りをあらわすのに用いた一本線に押しつけられた）両脚は，頑固さの意味をもつ。股に近いところでは性的抑止の意味が加わる（図6.40）。

交差した脚もまた，性的不安と抑止の意味をあらわす（図6.41）。

歩幅を広く構えた姿勢（脚を広げた）は，傲慢な態度によって，機動性についての自信のなさを過補償している感じを与える（図6.42）。

胴から完全に分離した脚は，社会で機動することへの重篤な不安感を引き出す。現実知覚のこの歪みは，分裂的行動の可能性を示唆する（図6.43）。

脚が用紙の下の方に描かれた（足や靴がなくて，脚あるいはスカートが用紙の下端に触れるか，あるいはほとんど触れそうになっている）場合，極度の自信の欠如と萎縮感を意味する。

図6.40　　　図6.41

透明性

脚が衣服を通して見えるように描かれた場合は，現実認知の歪みを意味する。腕と同様，思考障害を示唆する自

己愛的自己陶酔か重篤な現実遮断（break）である（図6.44）。

4）足

　足は，脚の端から，刻み目（"くるぶし"）やズボンの裾，靴の上端の線によって脚と区別できる部分で，裸か衣類をまとって描かれる。

　足は土と直接触れるため，主観的には，社会に居場所を定めるための重要な器官をあらわす。足はバランスをとったり，前後に動くことを可能にするが，この能力は，自己対象欲求充足の源に対して，相対的な自律性を妥当な程度に勝ち取ることを可能にする。自己心理学では，このような場合の絶対的独立は，最適な成熟状態とはいえないと仮定しており，事実，それは不可能である。したがって足の描画は，主観的には，その個人が自己対象経験に関して，依存から独立までの連続体上で，どのように自分の場所の発見に対処するかを意味する。"自立している（standing on one's two feet）"，"断固たる行動をとる（putting one's foot down）"という表現は，足の描画が示す相対的自律と自己決定の意味を伝える。

省略

　脚は見えているのに片足が描かれていないのは，（手の省略と同様）自律的であろうとすることへのアンビバレンスを示唆し，認知の阻害感をあらわす。

　両足が描かれない場合，社会における相対的独立への不適応感を意味し，同時に身体像と現実知覚の歪みがある。脚は描かれているので，描き手は社会での機動には対処しているが，自律への欲求をともなっていない。

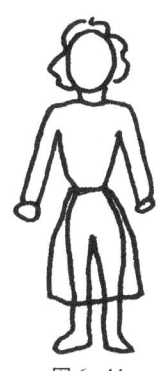

図6.42

図6.43

図6.44

片足が，物の陰になっていたり，人物が斜めか横向きに描かれているために完全に隠れている場合，自律の問題に回避的であることを示す。

両足が完全に隠れているのは，萎縮と重篤な回避が結びついた感情のあらわれである。

片足が不完全だったり，部分的に隠れていたり，用紙の端で一部分切断されていたりする場合は，相対的な自律の姿勢をとることにアンビバレントであったり，萎縮，抑止を意味する。

両足ともこのように描かれている場合は極度なアンビバレンスを意味し，それにともなう自律能力の限界を示している。

サイズと形

大きすぎる足（脚のサイズにくらべて不釣り合いに長く広い，もしくはそのどちらか）は，独立を過度に強調することで自律性についての不適応感を，過補償していることを感じさせる。

小さすぎる足は，同じく自律性への不適応感があるが，自律への恐怖心と受動性をあらわす。

足が円あるいは楕円だけで，靴紐や踵など細部なしに描かれた場合，子どもっぽい未熟さと自律性の限界を意味する（図6.45）。

鋭く尖った足か靴（爪先やヒール）は，自律への敵意-攻撃の意味をあらわす（図6.46）。

"鶏の足"（鉤爪のような何本もの直線または曲線）は，重篤な現実知覚の歪みを意味し，思考ま

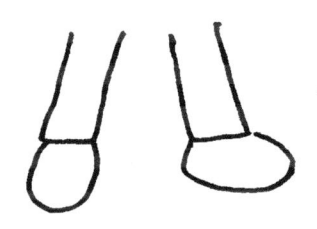

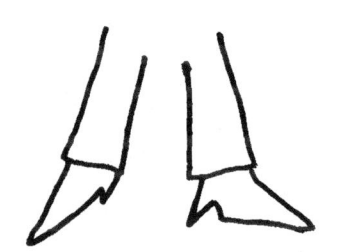

図6.45

または

図6.46

たは神経学的障害あるいは精神遅滞の可能性を
ともなう（図6.47）。

姿勢

爪先立ちの姿勢は，自律への過剰な警戒感を
あらわしている。

爪先が著しく反対の方向に向いている足は優
柔不断を意味する。

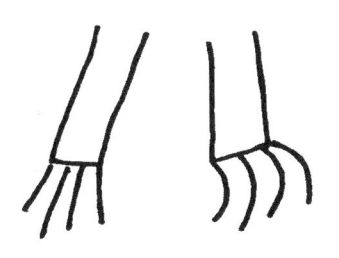

図6.47

脚から完全に分離した足は，自律することへの深刻な不安感をあらわす。現
実歪曲と解離行動の可能性と深くかかわっている。

足が用紙の下に触れるか（あるいはほとんど触れそう）に描かれた場合，援
助欲求とともに不適応感と不確実感をあらわす。

細部装飾

過度に詳しく飾りのある靴，たとえば靴紐，爪先に穴飾りのあるおかめ靴，
リボンなどがはなはだしく入念に描かれるのは，自律についての強迫的な没頭
を意味する。不適応感に対する補償としての顕示性も指摘される。ブーツは，
普通より大きい何かを示したいという描き手の欲求をあらわし，自律達成のた
めの強化と保護の欲求を示唆する。もし，人物がカウボーイや漁師ならば，
ブーツはその人物像にふさわしいので，上記とは別の意味をもつであろう。

裸足

服を着ているのに足が裸足の場合，顕示的でかつ非協調的な人を感じさせ，
環境に対して対抗的行動をあらわすかもしれない。

四肢に関する最適の表現

これまで，腕，手，脚，足，について共感的に引き出された解釈を，それぞ
れに述べてきたが，それは各単位が固有の意味をもっているからである。けれ
ども，何が描画での最適の表示なのかを考えるためには，もし手が描かれて
いないならば，その腕を決して最適とみなすことはできない。同様に，もし足が
なければ，その脚を最適な表現とは考えられない。したがって，四肢が完全に

描かれたと仮定するには，色彩，無彩色ともに以下の条件すべてに合致していることが必要である。

　腕は，自己対象の欲求充足の源と接触する能力に関係している。腕の最適の表現は以下の要件をふくむ：

　　適度な描線の質と濃淡；
　　肌を塗るのに用いた色は適切であること：黒，茶，黄，オレンジ，赤で，青，緑，紫ではない（衣類に用いるにはどんな色でもよい）；
　　両腕が全部見えること；
　　適度なサイズと形であること（身体のサイズと形に釣り合いがとれていること）；
　　腕は，肩で胴と繋がっていること；
　　腕はリラックスしたしなやかな姿勢であること；
　　腕が衣類を通して透けて見えないこと。

　手は，主観的には，自己対象の欲求充足の源である環境を効果的に操作しコントロールする能力を意味する。最も望ましいのは以下の条件をふくむ：

　　適度な描線の質と濃淡；
　　肌を塗るのに用いた色は適切であること：黒，茶，黄，オレンジ，赤で，青，緑，紫ではない；
　　指と手が適度なサイズと形であること（腕のサイズと形に釣り合いがとれていること）；
　　手は横向きでなく，拳骨でなく，手袋・ミトンをつけていないこと；
　　手はリラックスしたしなやかな形で，物をつかんだり，骨盤のあたりを覆っていないこと；
　　手は腕と，指は手と，つながっていること；
　　手は5本指で，関節や爪が過度に入念に描かれていないこと。

　脚は，自己対象の欲求充足を得るための操作可能感をあらわす。最適の表現は以下の条件をふくむ：

適度な描線の質と濃淡；

肌を塗るのに用いた色は適切であること；黒，茶，黄，オレンジ，赤で，青，緑，紫ではない（衣類に用いるにはどんな色でもよい）；

両脚が完全に見えること；

適度なサイズと形であること（身体のサイズと形に釣り合いがとれていること）；

脚は，身体につながっていて，大体真っ直ぐか，人物が立像ならば両脚はわずかに離れていること；

もし人物が動いているならば，適度の角度があってよい；

脚は用紙の下端に触れないこと；

脚が衣類を通して見えないこと。

足は，主観的には，その人の自律性の意味に関連する。最も望ましいのは描画が以下の条件をふくむ：

適度な描線の質と濃淡；

肌を塗るのに用いた色は適切であること：黒，茶，黄，オレンジ，赤で，青，緑，紫ではない（靴に用いるにはどんな色でもよい）；

足や靴は適度なサイズと形であること（脚のサイズと形に釣り合いがとれていること）；

足は脚につながっていて，大体真っ直ぐか，やや斜め，爪先立ちや極端に反対の方向を向いていない；

靴はあまりに細部まで詳しかったり飾りすぎていないこと；

ブーツは，その人物にふさわしい場合以外描かれないこと；

完全に衣類を着た人物では足は裸足でないこと；

足や靴は用紙の下端に触れないこと。

□ D．人間全体

最初の男性像と女性像についての印象分析は，自己-構造の何が明らかにな

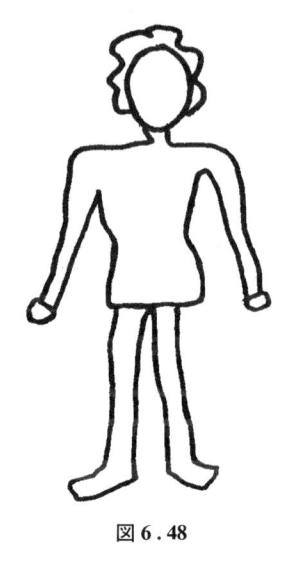

るかについて，一般的で大まかなレベルで，描き手の主観的体験に対応する機会を治療者に与えることを意図していた。ここでは，全体像の構造やタイプのさまざまな表現が，自己-体験あるいは自己対象体験の源の固有の側面に，どのように結びつくかを探っていくつもりである。

1）身体の形態

描き手がさまざまな部分のバランスに注意を払って全体像をつくっていく仕方は，内的調和感や，協調的方法でまとめていこうとする感情と関係がある。その感情とは，その個人の世界-内-体験を構成している認知的・感情的・行動的諸要素の自己-凝集感（self cohesion）である。

図 6.48

画像がバランスを失って描かれる（つまり，頭，胴体，手足が，お互いに適切な釣り合いを欠いている）場合，その意味するところは自己-凝集感の欠如であり，その誇張された部分に焦点のある補償的防衛構造をともなっている（図 6.48）。

もし画像がきわめてアンバランスに描かれているならば（誇張していうと，その部分の大きさや形が基本的な人間の比率に一致していない），自己-凝集感に照らして，重大な現実知覚の障害を感じさせる。また思考障害あるいは神経学的障害の可能性が挙げられる（図 6.49）。

画像が非対称で描かれる場合，描き手の内的凝集感に分割があることを意味し，解離行動の可能性をともなう（図 6.50）。

2）身体の真正性

平均的で許容できる身体の基準に一致するように画像で示す方法は，その人が，自分（あるいは自己対象）の真正性や実際の世界-内-存在をどのように体験しているかの重要な構成要素である。約言すると自己-実現である。

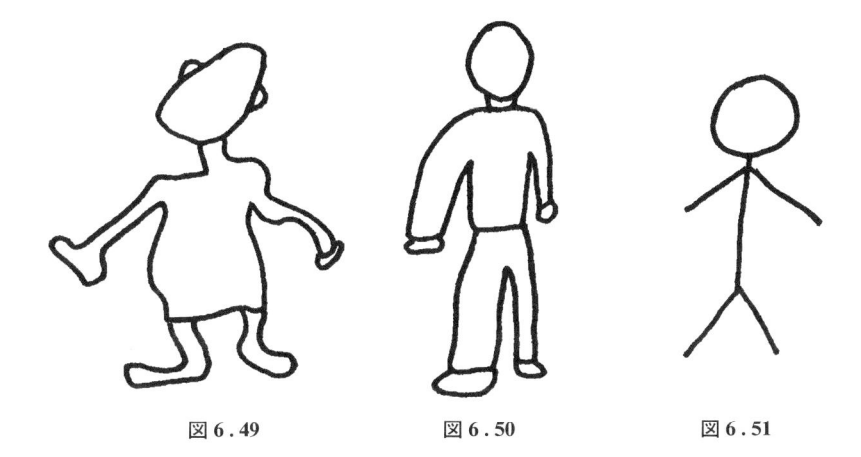

第 6 章　構造分析―人―男性と女性　117

図 6.49　　　　　　　図 6.50　　　　　　　図 6.51

　教示は，描き手に対し"記号のような形でない，ひとりの人全体"を描くよう求める。それにもかかわらず，応答者が記号人間（丸い頭と単線の胴と手足）を描いたなら，そこに引き出されるのは対抗主義と回避感で，それは強い不適応感と不確実感によって強められたものであり，自己-実現感の低下をともなう。神経学的障害と精神遅滞の可能性を考慮すべきであろう（図 6.51）。

　人物像が中抜きの輪郭（全体像の輪郭は示されるが，中身はない）で示された場合，外界との交流からの強い回避と引きこもりの意味をもつ。中身について意識しないのは，空虚感による重大な自己-実現の減少であり，うつ的障害をともなう（図 6.52）。

　同じく，幼稚な（身体の各部位や細部をほとんど区別できないような単純な）スタイルで描かれた人物像は，退行レベルで機能している未発達の自己を意味する。思考および神経学的障害あるいは精神遅滞を考えるべきである（図 6.53）。

　幾何学図形の人物画（四角や円などが身体の部位に用いられている）は，現実的知覚とこの世界に確かに存在しているという実感が著しく障害されている。さらに，神経学的障害あるいは精神遅滞の可能性が挙げられる（図 6.54）。

　奇妙な，グロテスクな，非人間的な画像（異様な，怪物のような，あるいは非人間的特徴をもった像）は，現実感の根深い障害を感じさせ，思考あるいは神経学的障害を示す。

図 6.52　　　　　図 6.53　　　　　図 6.54

3）身体像

　描き手が示した人物像の種類，つまり描かれた人物が普通の服を着た平均的な大人とどれだけ似ているか否かは，自分自身をどのように具現するか，そして自分自身をどんな人と感じているか——つまり，その人の自己同一性感——をあらわす。

　描画からその人物像の性を決定できない場合は，描き手の性同一性のアンビバレントな，あるいは混乱した感情を示す（図 6.55）。

図 6.55

　もし大人が，子どものような，または子どもと確認できる人物を描いたならば，自分（あるいは自己対象）を，脅威的ではないが自律性の乏しい，有能であるとはとても言えない人間と感じているであろう。

　極端に痩せた，弱々しい，やつれて見える人物像は，描き手自身の強いうつ傾向と無力感を反映している。

　肥りすぎたり，好ましくないほど重量がありそうに見える人物像は，自己卑下にうつ的感情をともなった自分を投影していることを意味する。

　完全な裸の人物像は，性的同一性の不適応感や不確実感に対しての露出的過補償の意味をあらわす。

　着衣の有無にかかわらず，その画像が色っぽいポーズをしていたならば，個性を支えるために性的な操作を用いる自分自身（あるいは自己対象）の体験を

強調している。

　幽霊などオカルト的な人物像は，対人関係への積極的参加から引き下がる傾向とともに，自己-同一性についての現実見当識が障害されていることを意味する。

　魔女や吸血鬼にも，現実見当識障害の意味が当てられるが，対人関係への敵意感情も加わる。

　聖人のような宗教的な人物像もまた，自己同一性についての非現実感を示し，受動的非攻撃的で性に無関係の行動型をもつ。

　他方，ピエロやアニメのようなおどけた人物は，劣等感と低い自己評価をあらわし，退行的で衝動的行動が内包されている。

　よく知られた人物のアニメやマンガは，現実のアイデンティティを明かすことへの回避と退行の意味をあらわす。

　警官，カウボーイのようなステレオタイプの人物像も，また自己表出を回避する感情を示している。つまり，選んだ人物像の明らかな独自性によって，自己の直接的表現から距離をおこうとの描き手の試みである。

衣服と付属物

　その人物像の衣服の着方は，その人がどのようにして自己-同一性についての意味あるメッセージを伝えるのかに関係してくる。

　人物像が着飾ったり，着飾りすぎている場合は，自分についての自信の無さの過補償を意味する。表面的に注意を引くことで，すなわち顕示的行動で，不安を隠す試みを意味する。

　同様に，くだけた服装で，体全体に着るのでなく水着のようにわずかの衣類をまとっている人物は，アイデンティティに対する潜在的不安を顕示性を用いて補償することを意味する。

　衣服が，過剰に，あるいはくどくどと細かく描かれている場合は，自己-同一性の不安の補償的強迫行動の意味である。

　手に関する検討の際に，物体を握っているのは，コントロールや自己対象欲求の満足を達成できるかどうかの不安の補償とみなした。それがさらに明白になるのは，その物体の特性に関係がある。

　サイフや書類鞄，荷物などを持っている場合は，自己-同一性についての不

安が自己-対象欲求に置き換えられ，外的な物への依存によって補償されることを示す。

スポーツ用具を手にしているのは，補償構造が活動的な気分の高揚を必要としていることを示唆している。武器を手にしている場合は攻撃的な補償構造を示す。

人物像から離れて描かれた物体，つまり，車，建物，木などは，同一化の感覚を強化するために自己対象環境にもっと積極的にかかわる人の感情をあらわす。

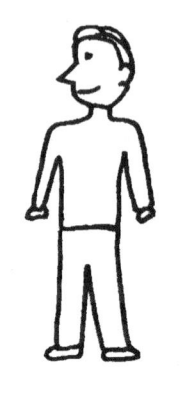

図 6.56

姿勢

人物がどのような姿勢で描かれるかは，その人物が誰で，どんな特徴と欠点がその人の自己-同一性を構成しているかに関係する。

たとえば薪割りのような，活動的で，人間が相手ではない激しい動きや姿勢は，自己主張的方向性をもつアイデンティティを意味する。

戦っている，撃っている，のような対人的な激しい動きは，主観的には攻撃性を暗示する。こうした行動が，たとえば殴り合いからボクシングの試合へと社会的な方向に向けられていく度合いは，描き手の行動統制力や敵意の感情体験の程度を示唆する。

正面向きの胴体の上に横向きの頭がのっていたり，頭と胴体が反対方向だったり，人物の姿勢が混乱している場合は，アイデンティティについてアンビバレント感がある（図 6.56）。

人物が斜めになったり寄り掛かっている，すなわち真っ直ぐの人物が明らかに片側に傾いているのは，自分のアイデンティティについての不確実感と自信のなさをあらわす。

図 6.57

浮かんでいる人物，すなわち足と脚が斜めになっていて地面より上にいるように見えるのは，同一性感覚が非常に不確かで悪化しているため，自己からの分離感が強くなっている（図6.57）。

座ったり，横になったり，もたれ掛かったりしている人物は受動性を意味し，その人のアイデンティティ感覚のなかでは強い要因となっている。

もし人物像が比較的不活発で静止した姿勢ならば，その感情は受動性，抑止，情緒的萎縮である（図6.58）。

4）男性像と女性像の関係

男性像と女性像の描画の比較によると，描く順序，画像の相対的な高さ，性別の外観は，主観的には描き手の自分自身に対する感情と自己対象の性的同一性に関係がある。

図6.58

描画の順序と画像の高さ

男性像が最初に描かれる場合。もし男性によって描かれ，男性像が女性像よりもかなり背が高いならば，それは自分の性的同一性についての不確実感と，その不安の過補償を強いる女性への優越感を意味する。もしその男性像が女性像より背が低ければ，性的同一性についての劣等感とアンビバレント感が示され，女性の自己対象を過剰に理想化する傾向にある。

もし女性によって描かれ，男性像が女性像よりかなり背が高い場合，劣等感と不適応感をともなう描き手の性的同一性不安を意味し，その受動的-服従的傾向は，男性の自己対象を過剰に理想化する方向に向かう。もし男性像が女性像より背が低ければ，性的同一性についてのアンビバレンスを意味し，男性の自己対象に服従する方向と自分自身を主張しようと努力する方向の両傾向をもっている。

女性像が最初に描かれた場合。もし女性によって描かれ，女性像が男性像よりも背が高いならば，自分の性的同一性についての不確実感を意味し，その不

安の補償構造の一部として，男性の自己対象への優越感をともなう。もし女性像が男性像よりかなり背が低ければ，性的同一性についてのアンビバレンスを意味し，男性の自己対象を尊重する傾向と自己主張の努力との葛藤的な傾向をともなう。

もし男性によって描かれ，女性像が男性像よりも背が高いならば，描き手の劣等感と不適応感をともなうような性的同一性不安を示しており，その受動的-服従的傾向が女性の自己対象を過剰に理想化する方向に向かう。もし女性像が男性像より背が低ければ，性的同一性についてのアンビバレンスを意味し，女性の自己対象に従い，かつ彼女との関係において自分自身を主張しようと努力する両方向をもっている。

男性像と女性像の性的な外観

衣服，髪の長さ，ジュエリーなど最近のユニセックスあるいは中性的なスタイルにもかかわらず，通常は男性も女性も，男女を区別できる画像を描く傾向にある。

たとえば長髪の男性やズボン姿の女性など，伝統的に固有な性的特徴の混合はいくらか見られるが，顔の表情や衣服，身体の線，姿勢などによる全体の印象が，もし女性のように見える男性像や男性のように見える女性像ならば，性的同一性についてのアンビバレンスや曖昧さ，不確実性を意味し，反対の性への同一化や，反対の性をもつ自己対象への知覚的同一化の問題をともなう。

全体人間像の最適の表現

全体人間像の多様な構造やタイプの表現に関するそれぞれの主観的意味は，無彩色・彩色描画とも，以下の条件のすべてに適合すれば，最適に表出されたと見なされる。

身体の形態についての主観的意味は自己-凝集性である。最も望ましいのは，画像に，主要な部位（頭，胴体，手足）が備わっていて，お互いの釣り合いがとれていること。

自己実現を意味する身体の真正性については，最適には，描き手あるいは同一化された自己対象の年齢に近い人の，平均的で，許容できるサイズの身体であること。

自己-同一性と関連する身体像も同様に，描き手や同一化された自己対象あるいは平均的成人と，年齢や大きさの点で同じであること。度を過ごさない服装であること（首のライン，袖のライン，カフス，すそ線で示された胴と手足を適度に覆い，靴を履く），物を握ったり，囲まれたりせず，リラックスした真っ直ぐの姿勢（正面向きか少し斜め），あるいは穏やかにコントロールされた仕方で動いているか，活動している。

男性と女性の描画の関係は，主観的には性同一性の意味に関連している。最も望ましいのは，描き手は自分と同性の人物を最初に描き，男性像と女性像は同じ高さか，男性像の方がわずかに高いこと。画像の外観は，一般にその時代の男性と女性の社会的な標準と一致しているべきである。

□ E．他の特徴

質問

描き手は，男性像と女性像の両方について（彩色と無彩色とも），五つの質問に答えるよう求められる。

1）あなたは誰かのことを考えていましたか？ （または）この人はあなたに誰かのことを思い出させますか？
2）この人は何歳ですか？
3）この人は何をしているところですか？
4）この人は何を考えているところですか？
5）この人はどういう風に感じているでしょうか？

自己と自己対象の関係

最初の質問に対する答えは，主として，画像が，描き手自身か特定の自己対象のいずれに関係があるのかを確定する助けになる。ともかく一般的には，描き手と反対の性の人を画像に同定したなら，その性に属する自己対象と考える。もし描き手が自分と同じ性の人物を同定したら，それは明らかに自己に関係している。しかし，もし同じ性の人物でも，描き手とは違う特殊な個性を画

像に与えたとしたら，主としてその性の自己対象に関連していると解釈してよいであろう。その場合，自己については，その描画と家屋画や樹木画からも引き出されるかもしれない。

年齢

人物像の年齢は，描き手（あるいは自己対象）の相対的な成熟について主観的な意味をもつ。

樹木画と同様，描き手あるいは非特定の自己対象を連想させる人物に与えられた年齢が，描き手の実年齢にプラスマイナス5歳以内ならば，成熟度感は最適と推定できる。もし自己対象が特定されていて，その実年齢にプラスマイナス5歳以内ならば，同じことが考えられる。

描き手（あるいは自己対象）の実年齢より5歳以上少なければ，成熟度感は薄れる。その年齢が減少するほど，あるいは"若い"，"非常に若い"と答えたなら，自己についての退行感の増大がより重要な意味をもつ。

描き手（あるいは自己対象）の実年齢より5歳以上多ければ，自分の成熟度感についての不安を補償しようとする試みである。描き手の実年齢より多くなるほど，あるいは"年取った"，"非常に年取った"という答えなら，引き出される感情は抑うつをともなう能力の減少感である。

行動

普通は，その人物の行動に関する答えは描かれた像の外観と一致するであろう。最も望ましいのは，どんな行動であろうと自己主張的あるいは表現豊かで実際には非暴力的活動，たとえば，歩いている，話している，微笑んでいる，ボール遊びをしている，薪割りをしているなどは，自己の生命感をあらわす。

もし人物像が漠然と，つまり何の活動も表情もあらわしていない，"何もしていない"，"そこに立って（横になって，座って）いるだけ"，"考えているだけ"のように説明されるならば，受動性，抑止感，圧縮感を意味する。

その行動が，たとえば"彼は怠け者だ"のような非難の言葉で表現されるなら，自己評価の低下である。

暴力的行動の記述は，敵意と衝動コントロールの困難さをともなう攻撃感情を伝える。

もしその人物が，絵や彫刻のような非人間像ならば，自己同一感の減少を意味する。

行動が奇妙なあるいは不可思議なパフォーマンスとして説明されているならば，奇妙さの程度によって，その意味は，未熟さや対抗主義から現実感覚の障害にいたるまでの連続体上にあり，思考障害の可能性もともなう。

思考

最適の答えは，その人物像の考えていることが，たとえば仕事や活動や友達のことであって，楽しいあるいは建設的な表現をふくんでいる場合であろう。ここでの主観的意味は，自己についての健康感である。

自己や他人についての否定的または非難の答えは，抑うつ感や敵意をともなう自己-評価の低下をもたらす。

その人物像が"何も考えていない"という説明の場合は，受動性と引きこもりの内在する回避を意味する。

奇妙な，あるいは不可思議な思考は，行動の項で述べたと同じように，奇妙さの程度によって，未熟さや反対主義から思考障害までのいずれかの意味をあらわす。

感情

その人物に与えられた情動状態は，認知活動に関して述べたのと同じ反応を引き出す。

最も望ましいのは，その人物が，楽しく建設的な感情をもっていると描写されることであり，温和な自己感覚を意味する。

"悲しい"，"不幸な"という不快感は，"彼は自分をばかだと感じている"のような自己卑下感と同様，抑うつと低い自己評価をあらわす。

"彼女は怒っている"のような攻撃的感情は，敵意-攻撃感をあらわす。

人物像が"何も感じていない"と描写される場合，その意味は受動性，引きこもり，抑うつを内在した回避の意味である。

奇妙な，不可思議な感情は，奇妙さの程度によって，未熟さや反対主義から現実見当識の障害までのいずれかの意味をあらわす。

ときには，肯定的な感情と否定的な感情が混じり合った反応をすることがあ

る。その意味は，動揺しやすい気分の持ち主で，自己を確定できない不安定さである。

人物像の年齢，行動，思考，感情について，描き手の答えと検査者の印象とが明らかに異なる場合，この差異についての最も説得力のある意味づけは，描き手の人生における対人的なコミュニケーションもこれと同様であったと考えることである。そこには，共感的な間主観的関係を確立する困難さがあるであろう。

□ 人物画の構造分析例

T. Y. のケース

T. Y. は，長身の魅力的な35歳の女性で，摂食障害（過食症からの回復途中）で心理療法を受けにきた抑うつ的な人である。二人の幼い女の子をもつ既婚の母で，日常の義務的な仕事を重荷に感じていた。10年前からの治療の繰り返しのなかで，彼女は自分の完全主義，嗜癖傾向，"ノー"というつもりで"イエス"と言ってしまうことの原因が，家族にあることに気づいていた。父親は冷たく酒好きで，カッとなりやすい支配的な完全主義者であり，一方，母親は受動的で服従的だった。T. Y. は，10代のころの性的乱交について，いまだに罪悪感に苦しんでいた。

週1回の治療セッションを始めて，約1カ月後に描いた T. Y. の無彩色の男性像と女性像（図6.59と図6.60）を見た瞬間，われわれは画像がヌードであるという事実に驚いた。全体像に関してこの問題を考える前に，まずそれぞれの特徴の構造分析に進むことにしよう。

最初に鉛筆画の女性像の頭について，身体の大きさに比較して小さいように思われる。これは知的能力についての不適応感であり，その結果，受動的で抑止的あるいは引きこもりの行動をもたらすことを示唆する。弱々しい描線は，躊躇感と不確実感をこれに追加する。

対照的に，目は他とくらべて濃く描かれ，大きく強調した瞳は，情緒刺激の授受についての緊張感と過敏さをあらわしている。睫毛を丹念に描いたのは，T. Y. が不適応感に対する補償として発現させてきた完全主義的で顕示的な構

図 6.59　　　　　　　　　図 6.60

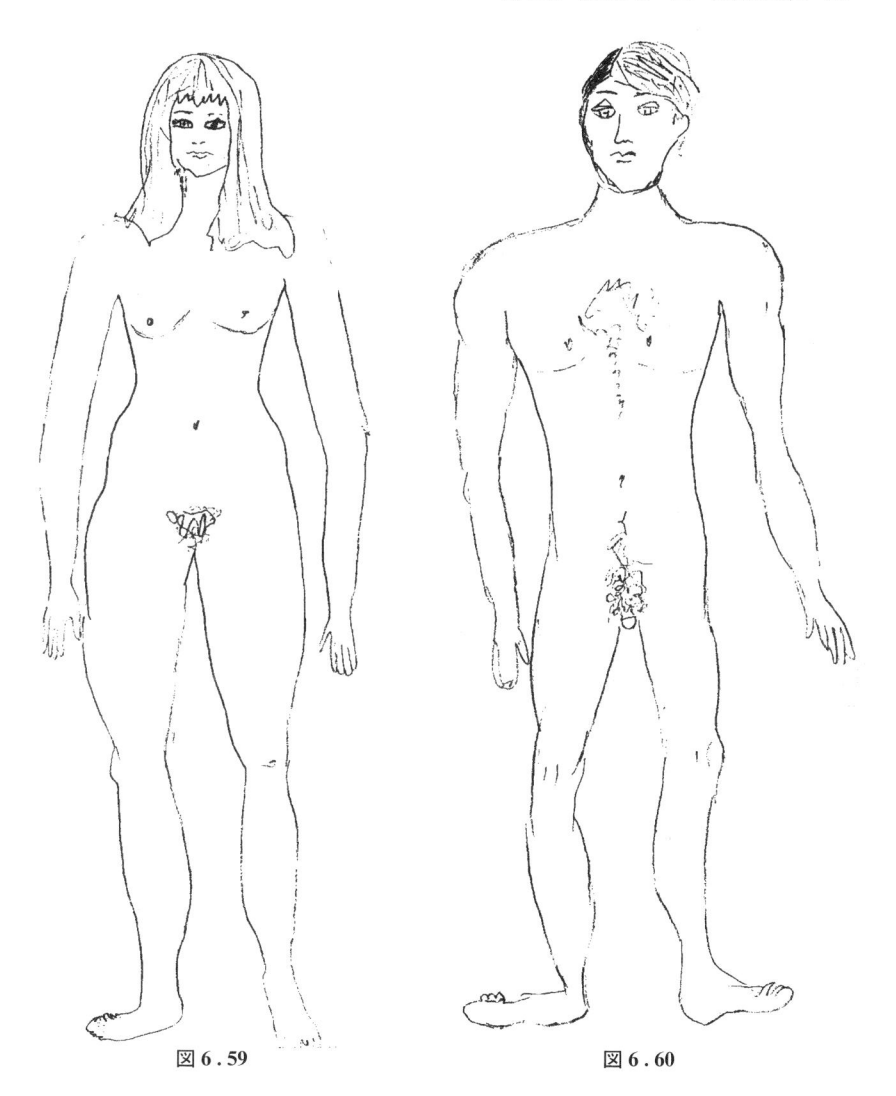

造を示す。"もし私がセクシーで魅力的に見えるとしても，愚かであるとして拒否されることはないだろう"。

　ほんのちょっと描かれた小さな鼻は，回避と受動性の意味を加える。弱々しい小さめの口は，T. Y. が，結果的に無能感と絶望感を生み出すことになるような接触を避けて，引きこもることによって，自己対象満足の源との情緒的交

流から自分を防衛していることをわれわれに語っている。

　目と同様，T. Y. は，くっきりした輪郭の髪を適度の筆圧で描いたが，性的魅力についての不安を，顕示的な空想によって過補償していることを暗示している。なぜあからさまな行動とまったく異なる空想なのか。人物像の弱々しい描線は，外向的な方向よりもむしろ内向的な方向性を示唆している。

　胴体に話を移すと，首は思考と空想と行動を統合する能力の指標であるが，鉛筆画の女性像の首にはやや濃い陰影があらわれ，この領域での不安を示唆している。

　非常に弱々しく描かれた肩は，責任を引き受けることへの大きな疑問と確信の無さを示している。

　対照的に，胴体の領域は，もっとはっきりした輪郭で描かれ，サイズも形も適当で，身体については潜在的には強さを感じている。

　それとはまた対照的に，両方の乳房は弱々しく描かれ，人物のサイズにくらべ小さい。これは，依存欲求充足の源である母親としての役割に対するT. Y. の不適応感で，弱々しく描いた肩と一致する。また，鏡映と理想化の源として不適切だった自分の母親についての体験も，女性の胸をいかに描くかに反映したのであろう。性的魅力について葛藤があり，弱々しいけれども裸の乳房を描いたことは，自分の性的同一性についてのためらいと顕示的な補償努力のアンビバレンスを指している。

　恥骨のあたりは，あからさまではあるがなぐり書きで，性的同一性についての性的能力と自信の無さへの回避的不安感を促している。さらに，その補償構造は顕示傾向をふくんでいる。

　大きすぎる腰は，女性としての同一性について感じている不安の過補償を明らかにしたこれまでの発見を，さらに強めている。

　鉛筆画の女性像の手足に関して，弱くてほとんど見えないような描き方をしたことは，強い印象を与える。これは，環境と接触しコントロールすることへの大きな疑念，不決断，確信の無さを示唆する。しかし長すぎる腕は，過活動つまり遠くまで手を広げることを意味するので，不適応感を過補償する傾向を指摘している。

　反対に，脚はほとんどの部分が適当な描線，サイズ，形であり，外界を操作することができることを意味している。

けれども，足の方はまったく弱々しく，自律的態勢をとることへの不安を示す。このことは，片方の足の切断によっても強調され，圧縮と抑止の意味を加える。

全体像のサイズが非常に大きいのは，不適応感を補償するひとつの方法として，ひとに注目されようと過剰な努力をすることを意味している。

身体の主要な部分の不均衡，つまり小さな頭，長い腕，大きな腰は，自己-凝集感の欠如を示す。その一方で，この描画には非常に本物らしく見えるという特徴があり，彼女が自分自身について表現したことは，空想の投影に反して彼女がいかに事実通りに体験しているかの強力な意味を示唆している。

また，完全なヌードで画像を示したことは，女性であることへの不適応感と不確実感の顕示的過補償の意味をあらわす。他方，画像の姿勢は"これが私です。私は何も隠していません"と断言的に言っているようである。

質問に対しては，この画像の年齢は36歳で，描き手自身をあらわしていると，これが自己-言及反応であることを明言している。"私の身体で立っています"という答えは，受動性と抑止感をあらわしている。けれども，見られたい願望は，画像がヌードであることの質問に対する"自分をさらけ出しています"，その感じは"非常に心地よい"という答えに反映しており，さらに"私の一部分はOKだけれど一部分は気に入らない"という答えには，不快な調子と基本的なアンビバレンスが加わる。

彩色の女性像（色図版15）を無彩色の画像とくらべると，ふたりの別人が描いたような印象を受ける。無彩色の画像は実際の写真のような特徴をもっており，彩色の女性像は，でたらめで歪んで見える。このことは，T. Y. の意識に分割（split）があることを示している。つまり，"現実"との関連が少なく防衛的・補償的構造で，より深い恐怖と不安全感をさらに反映する情動主導の自己概念と，今-ここでの自己像との間の分割である。

このふたつの描画は垂直分割（Kohut, 1971, 1977）を例証する。ここでは自己は水平と垂直の二方向に分割されている。色彩描画は垂直に分割した自己-組織化（self-organization）を象徴している。それは，発達早期に続いていた自己愛剥奪の結果であり，その間，両親は彼女の本物の独自の自己愛的努力に反応するのに失敗していた。描画は，これら重要な自己対象たちへのアタッチメントを維持する努力のなかで，T. Y. が生じさせた補償構造と防衛構造をあ

らわしている。T. Y. の例では，父親が，T. Y. のではなく自分の，誇大-顕示欲求によって彼女を思いどおりにしていた。母親は，父親の支配に積極的な抵抗をまったくせず，鏡映や理想化の不適切な源であった。

　無彩色の描画は，偽の自己-組織化体験との関係を否定（すなわち"分割"）しようとする T. Y. の試みをあらわしている。無彩色画像の性的露出と過剰な頑張りは，今-ここでの"現実の"世界において，"真実の"自己としての承認を得ようとする彼女の努力を物語っている。しかし，自分らしくあろうとする試みにおいて，分割によってエネルギーが枯渇してしまい，それが無彩色画の弱い描線に見られる。

　第8章で"垂直分割"をさらに説明し例証するであろう。

　鉛筆画では，消極的でためらいがちで，知的不適応を示した頭部の描画であるが，クレヨン画では，強い緊張と回避傾向に代わった。横顔の表現は，はぐらかしと回避の感じをあらわす。大きく濃く補強された目は，過敏な疑い深さと警戒心の意味を加える。色彩つまり情緒的刺激によって自己対象環境を示した T. Y. は，情緒的交流への恐れをあらわにした。それは，小さな鼻と補強された切り込みのような微笑んでいない口によって立証される。注意深く変化をつけた鉛筆画の髪の表現が，彩色画では乱雑な塊のようになり，性的能力のコントロールの貧しさと低い自己評価を示している。顔色に赤を使って補強し，しかも顔一面に塗ったのは，注目をひく積極的人間でありたいという願望と恐れの両方をあらわす。

　彩色画の女性の首は，輪郭線は弱いが，胸から一本濃い斜線が入っており，これは内的衝動をコントロールすることへの不安が身体的衝撃を侵入させたことを示唆する。

　無彩色の女性像と同様に，T. Y. は，胴体をたくましく描くことによって身体的な強さの感覚をあらわしている。けれども，胴体は（漏斗のような首からつながる）瓶に似て見える。水平の濃い縞模様は格子のようで，全体の印象は，内部のエネルギーが出ていかないよう"包み込む（containement）"，"閉じ込める（bottle up）"ような印象である。胸の濃い二本線は結局，乳房をなくしてしまう結果になったが，これは，依存と満足と性的魅力の源としての役割を否認したいという強い潜在的欲求を示唆している。

　股のあたりの極端に濃い色は，性的適応性の不安の意味を強める。臀部を特

に強調したのは，この不安と性的同一性の不確実感を関係づける。胴だけを見ると，女性を示唆するものはあまり多くない。これらの事実の根底には，早期の性的トラウマの暗示，つまり強力な自己対象の欲求の満足のために関係を強要された可能性があり，それが自己-組織化の垂直分割をもたらした。

　四肢に転じると，腕は過剰に長く曲がっており，右は細すぎ左は太すぎる。これは他人との接触能力についてのアンビバレントな感情をあらわす。T. Y.は，不適応と消極性を感じている一方，ぶっきらぼうな攻撃性がある。手の極端な長さは，極端な行動という形での過補償を示唆する。ともかく，曲がった右手と欠けている左手は，交流のコントロールについて強い無能感を伝えている。これは，自分の子どもを扱うのが難しいという彼女の実際のフラストレーション，つまり，どうすることもできない虚しさに対する憤怒の反応（主として言葉による）を抑えられない激しい罪悪感を反映していることが，治療で明らかになった。

　脚については，右脚はかなりきちんと描かれているが，左脚は長すぎて細く曲がっている。これは，無彩色の人物が，しっかりとした形のよい脚であるのとは驚くような対照をなしている。したがって，この世界で巧みに行動できるという日常的感覚が，情緒レベルになると異なり，その違いは腕についても同じで，消極的（右側＝より"正常"）傾向と攻撃的（左側＝より"退行的"）傾向の両方をともなったアンビバレンスを示す。右足と左足の描線と形は，それが自律性と関連するように，分割（splitting）とも密接に結びついている。

　クレヨン画の人物のサイズは，鉛筆画よりも小さいけれども，それでも相当に大きく不適応感の過補償を示している。この画像の頭は，身体とのバランスはよいが，長すぎる手足は自己-凝集感にそぐわない。

　情緒的レベルでの各部分の相対的歪みは，T. Y.が，この種の刺激にさらされるとコントロール感覚が不全になることを示している。

　注目されるためにすべてを露出した人物から，自身の片側しか示さない人物へと変化したが，彼女自身を受容してくれる環境を求めて，活動的で自己主張的な感情をもつことによって同一性の感覚を強めようとしている。濃く描かれた木の葉の緑は，この努力を暗示する緊張感を与えている。

　質問への答えは，自己感覚を取り戻す方法として積極的でいられる背景を求めていることが裏づけられた。彼女は，この人物を"30歳，ランニングしてい

る。海岸ではジョギング。海の近くの空き地を本当に楽しんでいる。気分がいい"と述べた。

　T.Y.の無彩色描画の男性像（図6.60）は，サイズも描線も女性像と非常に類似している。まず質問への答えは，この人物は夫をあらわしているつもりで，彼女は夫にも一緒に自分をさらけ出してほしかったけれども，彼は気が進まず，不愉快に思っていることに気づいている。彼女は，この人物が"35歳。ここに嫌々ながら立っている。彼は'着るものが欲しい'と言っている"と。そして"彼は全然心地よくない"と述べている。これは，彼女が夫を，感情を表に出さず，気持ちを抑えてしまう人と描写しているのと符合する。

　自己対象満足の潜在的源として，T.Y.は，彼女自身とこの画像との間に重要な区別をしている。まず，鉛筆画の男性像の頭は，女性よりも大きく身体の残りの部分との比率もより大きい。このように，彼女は彼を知的により有能であると感じているようである。けれども，加筆された頭の輪郭線は，彼の能力についての不安を認知していることを示す。その弱々しい特徴は，情緒的な刺激にかかわる彼の能力が，優柔不断で引っ込み思案であると彼女が感じていることをあらわしている。

　男性の髪は右側の方がより濃く塗られており，左側はスケッチ風であるが，過度にきちんとまとまった外観である。これは男性の性的望ましさと性的能力についての緊張感とアンビバレンスを示す。

　太すぎる首は，心身のコントロールへの没頭を意味する。これは，夫が頑固で支配的であるというT.Y.の描写と一致するように思われる。

　男性の肩は頑丈に見えるが，ぼかして描かれており，彼女は夫について，責任を引き受ける容量はあるが能力については不確かであると認知していることを示唆する。細くて弱々しく描かれた腕が実証するように，環境と交流しコントロールする彼の能力は，さらに信用できないようである。胴体の輪郭線は適切で，この人物の基本的適応感を示している。しかし，弱くて細い脚と足は，世の中のことを巧みに処理することや自律的態度については不適応であるという認知を示している。

　小さなペニスは，夫が性的に不適応で抑制的すぎると感じていることを示す。

　全体像は非常に軽く描かれており，T.Y.は夫が彼女よりも影響力が少ない

と感じている。不釣り合いに大きい肩は，夫が責任を引き受けることに過大なエネルギーを捧げていると見なしている。これは夫が家族よりも自分のキャリアに関心が強いという彼女の陳述と一致する。

　彼女の人生における現時点での夫についてのこの表示は，彩色描画（色図版16）とはまったく対照的で，二つの女性像の差異と同じである。彩色の男性像は無彩色よりもバランスがよく，まとまってみえる。質問に対しては，彼は"40歳，玄関前の揺り椅子に座って，読書を楽しみリラックスしている。満足とくつろぎを感じている"という情報が与えられた。全体の濃い色はストレスとプレッシャーと緊張感を思い起こさせるが，頭，胴体，手足のサイズと形から，より基本的な情緒的能力の点で，男性は女性よりも凝集的で強い存在であるとT.Y.は感じているようである。手と本の透明性，右手の非常に濃い色，鍵爪のような左手は，男性のコントロール力に関する彼女の認知の歪みが，どの部分にあるか注意を引く。T.Y.は，座った受動的な姿勢の男性を描き，手を消極的な活動のためにとっておいた。その理由は，色彩がもたらすより深い情緒的なレベルでは，彼女は男性の暴力の可能性を恐れていたからである。胴体を囲うよう描いたのも，彼の内的力を包み込む試みである。さらに座っていても色彩の男性像のサイズは女性と同じであった。

　要約すると，T.Y.が治療に入って間もなくの男性像と女性像の描画は，途方もない不適応感をもつひとりの女性を明らかにしている。彼女は，より意識的な日常レベルでは，活動と性的魅力に焦点をあわせた補償と防衛の構造をはっきりと示したが，それでもなお躊躇と不確実感を残している。同じレベルで，自己対象については，より知的で有能で信頼できるが，曖昧で優柔不断な，自分をさらけ出すことには自発的でない人としてあらわしている。

　一方，より深い情動的次元を引き出す色彩画では，"着衣の"人物であるにもかかわらず，みせかけの補償の多くをはぎ取っている。自分自身に関して，色彩画の女性は，基本的内的強さや性的能力，攻撃性，"世界に直面し"接触し行為する能力，について非常な不安を明らかにしている。男性像に関しては，この人物を女性よりも有能と認めてはいるが，彼の攻撃性に対し潜在的な強い恐怖があり，彼がコントロールを失う危険性を弱めたいという欲求をもっている。このことの多くは，同情に値するような彼女のひどい傷の原因となっている子ども時代の父親に関係がある。

ここで，週2回の力動的な心理療法を約14カ月間行った後のT.Y.の描画に移る。心理療法は，最初の描画を手がかりに，治療者に対する彼女の強く理想化された自己対象転移欲求を取りあげた。その治療者の共感的受容は，彼女の内的不適応とコントロール喪失の恐れに対する支えとして役立った。構造分析は，いくつかの重要な変化を示している。まず第一に，もっとも明らかなのは，無彩色の女性像（図6.61）が今度は服を着ていることである。外見的には，T.Y.はもはや，注目されることを望んで自分自身を露出する欲求はなくなっている。もっと意味深いのは，画像のほとんどの描線についてである。

　最初の女性像（図6.59）とくらべると，筆圧は普通になり，締まった感じがする。ただひとつ違うのは，肩と左の前腕である。

　一番上から取り上げていくと，頭と顔の外見は，情緒的刺激を受けて反応する能力がかなり改善されていることをより明確に示している。目は，まだ目立つけれども，最初の絵のような過敏さと疑い深さを連想させる瞳の強調はない。さらに頭のサイズはより大きく，身体の残りの部分との釣り合いもよくなって，知的適応感が増大したことを示している。髪の濃さと形は，最初の絵よりもっと自然で，魅力や性的望ましさの感情に気軽に近づいている。ただ，頭の左側の濃い陰影は，わずかに不安が続いていることを示唆する。

　首の左側の縦線がより濃いのは，コントロールへの関心を指す。

　弱々しい肩の線は，T.Y.が責任を処理する能力にまだ懸念を残しているが，最初の描画では実際に肩が見えなかったことを考えると，その意味は減っている。

　画像の下の方へ移ると，腰と上部の脚を覆っているドレスの広がりは，身体のこの部分への関心を暗示する。注意深く見ると，T.Y.はドレスの左側を一度消して広げており，これは自己批判性をあらわす。その結果，画像のスリムさによる性的魅力が減少した。

　世間との接触能力についての有効性の感覚は，腕のサイズと形，特に右腕に示されていると思われる。しかし，不適切な行動化への内的葛藤がまだあり，左の前腕の消し跡（連続をこわす）がそれを説明している。

　手の描画が意味する環境コントロール力については，右手が左手で一部隠されており，これは手を伸ばすことと積極的に目的を追求することとのアンビバレントな表象と見なされる。画像のこのポーズはまったく控えめで，手が"骨

図 6.61   図 6.62

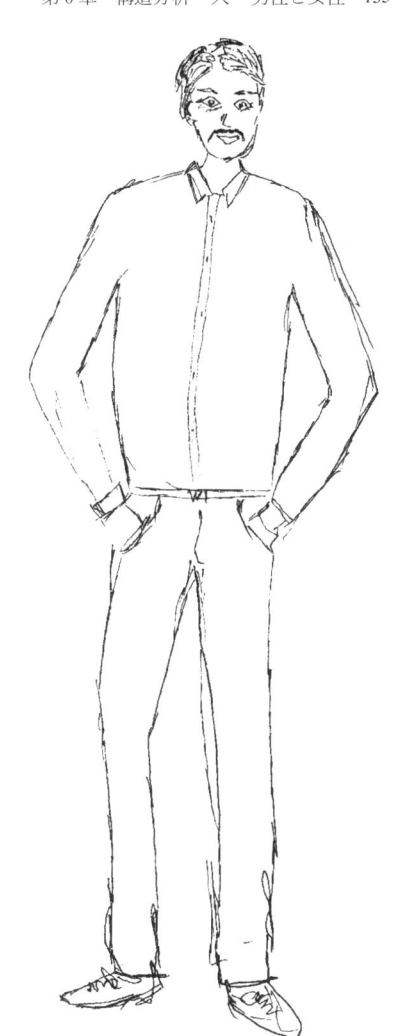

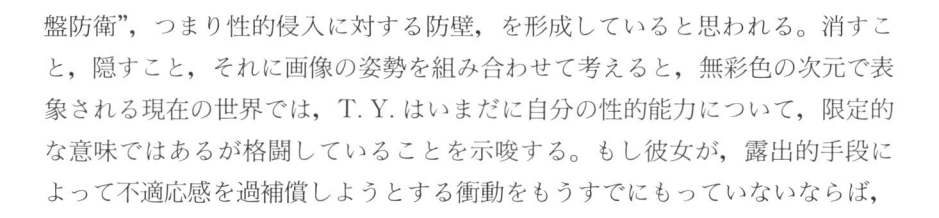

盤防衛"，つまり性的侵入に対する防壁，を形成していると思われる。消すこと，隠すこと，それに画像の姿勢を組み合わせて考えると，無彩色の次元で表象される現在の世界では，T. Y. はいまだに自分の性的能力について，限定的な意味ではあるが格闘していることを示唆する。もし彼女が，露出的手段によって不適応感を過補償しようとする衝動をもうすでにもっていないならば，

性的に成熟した人間として世界とどのようにかかわっているのだろうか。質問に対する答えが，T.Y.の混乱状態を裏づけている。彼女はこの人物像を"何ということなく虚空を眺めている――考えることや感じることに当惑している"と述べている。2番目の無彩色の画像は，前より若く25歳で，T.Y.の実年齢より少ないのは，年齢にふさわしく責任も少なくてすむけれども，自分を立てなおす機会をもっと持たなければならないと願っていることを示唆する。

最後に，ひざ下の固いスケッチ風の描線と優雅なポーズは，目的に向かって効果的に行動できる感じが強くなったことを示すが，足の片方が濃く補強されて用紙の下端の線上にあり，もう片方が切れているのは，自律の態勢をとることにまだ依然として不安とアンビバレンスがあり，支援が必要なままでいることを示唆している。

女性像の無彩色と彩色の最初のセットの対比と同様，2番目のセットも二つが著しく異なっている。しかし，鉛筆画がまだ過度に大きく精密であるのに対して，第二のクレヨン画の女性像（色図版17）は，サイズがより穏当になった。今ではプレッシャーの少ない，より日常的な仕方で，ほどよい情緒的表現（色彩）に近づいているようである。これらは，自己受容のレベルが上がったことを反映している。この"垂直分割"の自己は，治療の始めに情緒表現の機会を与えられたときよりも，大きな改善をあらわしているようである。

構造的には，頭は，適当なサイズになった。程よい描線と巧みな濃淡でオレンジ色を選択したのは，最初のクレヨンの女性像よりも明らかな改善である。けれども，濃い切れ目のような目と，耳や鼻がないのは，T.Y.は他との情緒的交流に対する恐れをいまだに残しているようである。大きく，何か微笑んでいるような口は，最初の色彩の女性像よりは決定的な進歩である。髷に結い上げた髪は，性的魅力への執心を封じ込めてしまいたい願望を示している。しかし濃い描線は，その不安が続いていることを暴露している。2番目のクレヨン画の女性像の首が非常に短く，やや途切れがちなのは，最初とは明らかに異なる。身体的衝動から自分自身距離をおきたいという願望は，コントロールの問題に直面しようというより大きな意欲に置き換えられたが，不安は続いており，過活動の代わりに，今は受動的で内省的姿勢に置き換わっている。腕の描き方（右腕は弱く垂れ下がった曖昧な風に描かれている；左腕はやや強く見えるが，なお曖昧で不動）や，質問に対して"（彼女は）40歳で，家のことを考

えていて，（感情は）当惑している"と答えたことを考えると，この印象は強まる。

　2番目のクレヨンの女性像では，肩の扱いが興味深い。つまり右肩はまったく妥当だが，左肩は責任の重さに垂れ下がっているようである。

　この画像の上半身は男性の上半身と見なしてもよいくらいである。彼女はまだ母親機能について女性としての不適応を感じているようである。若い男性のもつ自由へのひそかな願望がこのような形であらわれたのであろう。股のところで脚につながる線が延びているのも，彼女の性同一性への葛藤を反映している。

　外界をコントロールする能力に気づき，それに焦点を合わせようとしていることが，鋭く描かれた左手と筆圧と形にあらわれており，その根底には攻撃性が示唆される。弱くて曖昧な右手との対照を考察してみると："正しい"（right）側＝不適応感；"不吉な"（left）側＝"お節介はやめてくれ！"ということになる。

　がっしりとした脚と足には，非常に大きな改善が目立つ。情緒的表現を促すような状況では，T. Y. はうまくやろうとしており，自分自身の足で立とうとしている。けれどもサンダルの濃く描かれた"V"は，自律の達成についてのより大きい緊張を示唆する。

　二つの男性像もまた際立った対照を示している。無彩色の女性像に呼応するように，鉛筆画の男性像（図6.62）も服を着て，ほとんど適切な，あるいはしっかりとしたスケッチ風の線で描かれている。

　もし自己対象関連がまだ T. Y. の夫であるとすれば，この楽しそうな魅力的な男性像の認知に大きな改善がある。身体の大きさにくらべての頭の小ささは，彼の知的能力の強調が減ったことを指す。これとともに，適度な色合いと魅力的なスタイルの髪や髭を加えたことは，彼を前よりも性的に望ましく感じているという彼女の実際の報告にふさわしい。その他の特徴：明るく，適度な筆圧の目，適当な鼻，微笑している口は親愛感と近づきやすさを伝えている。これは，夫との関係が良くなったという治療中の彼女の言葉とも一致している。濃く描かれた耳と，強化された顎（顔の左側）と曖昧にえがかれた顎（顔の右側）は，やや過敏で自己主張についてアンビバレンスがあるという彼への見方を指摘している。

首の描線も顎と同じパターンで，彼のコントロール能力についての複雑な見方を示唆している。けれども首のサイズは，肩と同じように，2番目の無彩色の男性像では明らかにより適切になっている。

　胴体の残り部分と手足はほどほどに大きく，頭以外の各部分に対しては釣り合いがとれている。それは，T. Y. が夫について，強さ，接触と操作，自律，の諸能力の点でかなり有能であるけれども，夢や願望をその能力と統合することでは噛み合わず，凝集力を欠いていると感じているかのようである。質問への答えは，最初の絵よりも若く25歳で，"未来を考えているが，感情は封じ込めている"。つまり，明確な計画と，自分自身を実現するための有効感が欠如していることを示している。この解釈は，手がポケットに一部分かくれていることによって強められる。これは，環境をコントロールする能力についてのアンビバレント感，圧縮感，抑止感をつたえる。弱々しく描かれた真ん中のボタンの前立も，彼の独立度についての T. Y. の疑念を示す。非常に薄い右の前腕は，有意義な関係形成能力についての不確実感を加える。以上のすべては，キャリアーに関する夫の優柔不断さが仕事上の成功に影響しているという T. Y. の報告を裏づける。

　2番目の彩色男性像（色図版18）と，2番目の鉛筆画と，最初の彩色の男性像との大きな対照は，現時点では，T. Y. の自己と自己対象体制の間にかなりの分割（split）があることを示し，また情緒的表現の機会が与えられると浮かび上がってくるものを明らかにしている。すなわち，2番目のクレヨンの男性像の適度なサイズとくつろいだ姿勢，胴体と脚の繊細な色合い，幸せそうな表情，そして質問に対する肯定的で希望に満ちた調子の答え（"ティーンエージャー，15歳。人生を楽しんでいる。手を振っていて——社交的である。これから何をしようか何をしたいか考えている。とても楽しいと感じている"），これらすべては，彼女がティーンエージャーとして一度も体験できなかったような自由と生活体験を満たしたいという願望を示している。T. Y. は，これらの特性を男性の役割に属するものと見なしている。この人物は，彼女が無意識に男性の自己対象と融合していることを表象しているかもしれない。こうした感情にともなう不安は，髪の濃い色合いと"荒っぽい"特徴，外界にあるものをそのもの通りに見させまいとするような細長い切れ長の目，首の右側の濃い茶色の線，特に頭と腕と手の輪郭線に黄色を使用したことなどにあらわれてい

る。ほどよく使われたならば，黄色は一般には，憧れ，くつろぎ，自発性の意味を示す。しかしこの絵では，黄色は見えにくく輪郭線としての効果がほとんどなく，むしろ知的能力と環境への交流コントロール力についての大きなアンビバレンスを示唆する。

　要約すると，二組の描画は，治療の1年余後のT.Y.の進歩と問題点の両方を反映している。日常の，つまり"白黒の明瞭な区別のある"世界における自己-知覚からは，深刻な不適応感を補償する手段として身体的／性的自己に過度に専念することが目立っていた。しかし彼女は，この自己-イメージをともなった不確実性や抑止を改善し，より確固とした肯定的な像を反映することができた。色彩を使う機会によって表現された"垂直分割"の自己-態勢は，緊張し歪んだ現実逃避の人物から，いまだ重荷を感じて抑止的ではあるけれども，よりコントロールされた有能な自律的な人物へと変化し，日常の黒と白の表現範囲では表現されえない願望や恐怖や感情を明らかにした。

　自己対象満足の主要な源，つまり彼女の夫についての彼女の認知も，同じような変化を経ている。抑止的で彼女の欲求には応えてくれないが，日常の世界では過度に責任を負うという彼についての最初の表現から，その後は，能力と方向性についてはまだ何か抑圧的で不確かさを残してはいるが，非常に魅力的な人物として示されている。この"分割"した人物は，情緒的表現の機会を与えられると，楽しく若々しい自分を表現できる男性の役割に自分を同化したい彼女の願望をあらわすが，社会的機能や接触能力についての不確実感をともなっている。これらの描画はともに，治療過程で観察された諸傾向を反映し，確証しており，まだ開発されないままの自己-発達の領域を指摘している。

第 **7** 章

構造分析―動物

　動物の描画は，描き手の内的自己について，より太古的，原初的，プリミティヴで，潜在的な，発達上では早期の，諸側面を多様に投影すると考えられる。それに対応して，自己対象関係の源についてもよりプリミティヴな側面が投影される。
　動物に関連する部分は以下を含む：

　　A．頭
　　B．胴体
　　C．四肢
　　D．尾
　　E．全体
　　F．他の部分

□ A．頭

　動物の頭は，人間の頭とは対照的に，主観的には知的活動に関連した意味を含まない。知的機能や空想のような複雑な内的過程よりも，むしろ潜在的な攻撃性や近づきやすさ，友好性などを決めるための表面的な特徴が描かれる。さらに動物は，感覚器官（目，耳，鼻）を激しく使い，口は人間よりも多くの機能的目的をもっている。したがってこれらの特性は，描き手にとっては，よりプリミティヴな，発達早期の，より未熟な体験レベルにおける，情緒刺激にまつわる環境との関係やその相互作用の側面と見てよいであろう。

省略

頭が物の陰に隠されているような場合，それは，外界とのプリミティヴな関係からの逃避傾向や回避傾向をともなう不安感が引き出されている。

頭をまったく描かないのは，原初的レベルと結びつく深い恐怖感があり，それへの強い反作用であろう。その場合，極端な引きこもりと思考障害の可能性がある。

サイズと形

大きすぎる頭（つまりそのタイプの動物にとって，身体のサイズとくらべて頭が不釣り合いに長くて広いか，そのどちらか）は，発達初期に関係のある不安の過補償を意味する。その反作用は過剰関与〔でしゃばり〕となる。

小さすぎる頭は，外界との原初的な交流に対する不適応感をあらわし，受動的，抑止的あるいは引きこもりの行動をもたらす。

不規則な輪郭や明らかに不適切な形は，歪んだ反作用をプリミティヴにあらわしており，思考あるいは神経学的障害の可能性が高まる。

頭と身体の結びつき

頭が身体から分離してしまっているときは，環境との関係能力に著しい崩壊があり，解離行動，思考または神経学的障害，そのいずれかの可能性をあらわしている。

姿勢

動物の頭が横向き，斜め向き，正面向きに描かれることは珍しいことではない。後ろ向きの場合は，原初的な対人関係からの重大な引きこもりを意味する。

口または嘴

動物の口は，1本か2本の繋がった線，カーブした線，あるいは真っ直ぐな線で示され，色が塗られたり，円形や楕円形で示されることもある。嘴は頭から突き出た形で，通常は円錐形か尖っている。

動物は，伝達したり，食べ物を獲得したり，自分を守りあるいは攻撃した

り，物を操ったり運ぶために，口を使う。これらの機能は，外界と関係する主要な手段を表徴する。したがって，動物の口は，環境と交流するための基本的で太古的な方法にまつわる感情をあらわす。

省略

口や嘴が隠れているならば，その主観的意味は，プリミティヴな関係についての不安であって，回避の防衛的反応をともなう。

口や嘴を描かないのは，環境との交流からの極端な引きこもり感情をあらわす。

サイズ

大きすぎる口または嘴（描かれた動物のタイプにとって，頭のサイズとくらべて不釣り合いに大きい）は，環境との間の未熟で基礎的な関係に不安があり，その過補償の感情をあらわしていて，過活動傾向をともなう。

過度に小さい口または嘴は，外界との太古的関係過程のなかでの不適応感を示し，受動的，抑止あるいは引きこもりの防衛反応をともなう。

表情

口が開いていたり，口の端が曲がって下がっている場合，その印象は"脅迫"であり，プリミティヴな関係の一表現法として，敵意-攻撃の意味をあらわす（図7.1）。

歯または牙

歯と牙は，口の中か口の外に延びる線で示される。目立って鋭いあるいはギザギザの歯や牙は，環境との原初的関係における敵意-攻撃の意味である。

目

目は，輪郭と瞳か，なかの埋まった円形または楕円形，そのほか，動物のタイプにそって描かれる。人間像と同じく目の描写は，主観的には，その人がどのように情緒的刺激を受け，そして反応

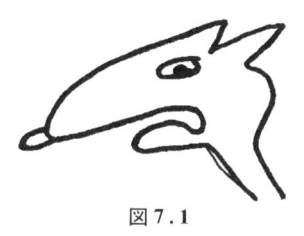

図7.1

するかに関係している。けれども動物の場合は，環境との相互作用に関しては，より未熟な原初的体験を意味する。

省略
斜め向きか前向きの画像では片目しか描かれないのは珍しくない。

正面向きの像で片目が隠れている場合は，脅しの刺激に対し逃避あるいは回避によって防衛する不安を意味する。もし両目が隠れているなら，この反応がより強調される。

もし正面向きの画像で片目が描かれていないのは，プリミティヴな水準での情動刺激の受け渡しについてアンビバレントな感情があり，引きこもりと自覚の両方の傾向をもつ。

斜め向きか横向きあるいは正面向きの像で，それぞれ見えるはずの目を描かないのは，さらに強い引きこもり感をあらわしており，思考または神経学的障害の可能性をもつ。

サイズ
過度に大きい目は，プリミティヴな過敏さをあらわす。
過度に小さい目は，プリミティヴな逃避と引きこもり感を引き出している。

形と構成
輪郭線だけで瞳のない目は，環境との原初的な相互作用についての不安が，自己への引きこもりによって防衛されていることを示す。

なかを埋めた小点や円，線，あるいは閉じているような目が描かれた場合，プリミティヴな逃避か否認，あるいは引きこもりの防衛反応をともなう。

細くてつり上がった目は，"脅迫"感を呼び起こす。これは環境とのプリミティヴな相互作用に対する未熟な敵意を意味する（図7.2）。

耳
耳は，描かれた動物のタイプによって内側か外側についている。耳が描かれるのは動物にとっては当然と考えるべきである。

目と同様，耳は，プリミティヴな水準で情緒刺激に関して外界とどのように

交流するかを示している。

省略
斜め向きや横向きの画像に片耳しか描かれないのは当然である。

正面向きの画像で片耳が隠れているのは，情緒刺激の授受についての基本的不安感であり，プリミティヴな逃避あるいは回避によって防衛されている。両耳が隠れているのは，この反応の意味がより増大する。

正面像に片耳しか描かれないのは，引きこもり傾向と，それに逆らおうとする自覚とのアンビバレンスを意味する。

斜め向き，横向き，あるいは正面向きの像で，耳がまったく描かれないのは，引きこもりがさらに深刻であることを示す。

図 7.2

サイズ
目と同様，大きすぎる耳は未熟な過敏感情を示し，一方，小さすぎる耳は情緒刺激の授受に関するプリミティヴな逃避と引きこもりの感情を伝える。

形
先端が鋭く尖った耳は，情緒刺激との相互作用において未熟な敵意感情をもちやすいことを示す。

鼻
鼻は，その動物のタイプにふさわしく，線または色を塗った領域として，顔のなかか頭から突き出た形で描かれる。

動物にとって嗅覚はとりわけ重要である。動物の鼻は，主観的には発達早期の情緒刺激の受け方と反応の仕方をあらわしている。

省略
もし鼻が隠れているならば，情緒刺激との基本的相互作用についての不安感

であり，プリミティヴな逃避か回避反応によって防衛される。

　動物に鼻を描かないのは，引きこもりに至るような強い防衛反応を意味する。

サイズ

　過度に大きい鼻（描かれた動物のタイプにとって，頭のサイズとくらべて不釣り合いに大きい）は，情緒刺激の授受に関して，プリミティヴな過敏性を引き出す。

　過度に小さい鼻は，プリミティヴな逃避と引きこもり感をあらわす。

頭とその部分についての最適の表現

　動物の頭全体と目，耳，鼻，口（または嘴）は，情緒刺激に対するプリミティヴな反応の仕方に関係しているが，最適の関係性と能力をあらわしているとみなすためには，無彩色画・彩色画とも，以下の条件にすべて一致しなければならない：

　　頭，目，耳，鼻，口（または嘴）は，適度な描線の質と色合いであること；
　　動物のタイプにふさわしい色彩が使われていなければならない；
　　頭全体，目，耳，鼻，口（または嘴）は，適度なサイズと形（描かれた動物のタイプにとって，それぞれが，身体全体か頭全体のサイズと形に釣り合っている）；
　　頭は胴体と繋がっており，後ろ向きではないこと；
　　口は真っ直ぐか，端が上向きであること；
　　歯または牙は省略されているか，目立たず，鋭かったりギザギザに描かれていないこと。

□ B．胴体

　主観的には，動物の胴体は，プリミティヴな強さや力の源に相応する。

省略

胴体を隠すのはプリミティヴな強さがあらわれることへの不安感で，逃避あるいは回避によって防衛される。

胴体を描かない場合，この反応の意味はさらに強まる。

サイズ

大きすぎる胴体は（描かれた動物のタイプにとって，身体の他の部分にくらべて不釣り合いに大きい）は，プリミティヴな強さがあらわれることへの不安を，顕示的あるいは支配的な態度で過補償しようとする感情をあらわす。

小さすぎる胴体は，太古的な力があらわれる恐れを，受動的，抑止的，または引きこもりによって防衛することを意味する。

動物のタイプにとって明らかに不適当な，不規則な輪郭や形の胴体は，その人のプリミティヴな強さが歪んだ形で示されていることをあらわす。これは思考あるいは神経学的障害の可能性を高める。

プリミティヴな強さについての描き手の感情を最適に反映する仕方は，無彩色・彩色両方ともに，以下の要件を含む：

適度な描線の質と色合い；
描かれた動物のタイプにふさわしい色；
適当なサイズ（描かれた動物のタイプにふさわしい全体サイズと形）。

□ C．四肢

四肢は次のように示される。①脚は胴体から延びており，その先に足，蹄，鉤爪のある足，爪を含む，②胴体から出た部分全体を含む翼または鰭。

人間の腕や脚と同様，動物の四肢は，主観的には，満足と危険の源にそれぞれ接近したり逃避したりする能力を意味する。さらに攻撃と防衛（"flight or fight"）の意味が，動物の四肢から連想される。しかし動物の四肢には，"蹄を

打ちつけて威嚇する (thundering hooves)"，"空高く舞い上がる (soaring wings)"のように，テリトリーや力を意味する次元が追加される。これらの連想は，外界との接触やコントロールや操作，つまりプリミティヴな手段で環境にかかわる未熟で基本的な能力と結びつく。これらの主観的な意味のうち，どれが支配的であるかは，ある程度は描かれた動物のタイプによる。

四肢の省略

いくらかの動物，たとえば蛇は，四肢が描かれないのが正しいこともある。普通は四肢のある動物にとって，1本以上の四肢が完全に隠れている場合は，外界とのプリミティヴな接触やコントロール，操作についてのアンビバレンスを意味する。

1本以上の四肢が不完全に描かれていたり，部分的に隠れていたり，用紙の端で一部分が切断されているならば，圧縮感や抑止感が引き出される。

四肢が全部隠れているならば，外界とプリミティヴにかかわることへの強い抵抗と回避の意味がある。

もし四肢のすべてが不完全に描かれているか，部分的に隠れていたり，用紙の端で一部分が切断されているならば，圧縮感と抑止感が強められる。

描かれていない四肢が一本でもあれば，外界とのプリミティヴな関係へのアンビバレンスを意味するが，これは思考過程が部分的に崩壊している深刻な反応である。

四肢すべてが描かれない場合は，プリミティヴな無力感と不適応感をあらわし，うつと引きこもりを生じさせる。

四肢のサイズと形

大きすぎる四肢（描かれた動物のタイプにとって，身体のサイズにくらべて不釣り合いに大きい）は，外界における基本的機能についての不適応感があり，それを過活動や過剰な努力によって過補償することを意味する。

小さすぎる四肢は，環境と接触し，コントロールし，操作することについての描き手の基本的な不適応感，抑止感情，受動感をあらわす。

単線で描かれた四肢は，強い不適応感を伝える。

不揃い，あるいは非対称の四肢は，プリミティヴな機能についてのアンビバ

レント感情をあらわし，受動的である一方で自己主張的または攻撃的という両方の傾向をともなう。この差が極端な場合は神経学的障害か精神遅滞の可能性を示唆する。

足，蹄，鉤爪のある足，爪が"危険な"状態，つまりその動物のタイプにくらべて非常に鋭く，尖って，クギのようだったり，脅しのそぶりや姿勢で描かれていたならば，未熟な敵意-攻撃の感情があらわれていると考える。

図7.3

姿勢

動物の身体のなかに包まれるか，身体にきっちりとついている四肢は，環境におけるプリミティヴな機能の硬直感と萎縮感を意味する（図7.3）。

胴体から完全に分離した四肢は，環境におけるプリミティヴな機能についての強い不安感を引き出す。この種の知覚的歪みは，その人に解離行動反応がありうることを意味する。

四肢が用紙の下端に触れて描かれている場合は，原始的機能に関する強い不安全感と圧縮感をあらわす。

□ D. 尾

動物の尾は，一般に胴体の後ろから伸びる付加物として描かれる。その機能は，たとえば犬が尻尾を振るのは親しみの印であるように，気分を示すものとして，またその動物の美的な魅力を強めたり弱めたりする部分として使われる。描き手にとって動物画の尻尾は，主観的には原始的情動の気分や調子を意味する。よくある言い回しで，"尻尾を巻いて逃げる (having your tail between your leg)"，"尻尾をあげて歩く (walking with one's tail)"は，それぞれ，気力をなくしたり，やっつけられた状態と，良い気分や上機嫌な状態の代理（vicarious）表現である。さらに女性に関する卑語で"尻尾の女＝みだらな女 (a piece of tail)"がある。臀部や肛門に近い尻尾の位置は，その人自身あるいは自己対象のプリミティヴな性的能力や望ましさの意味と関係がある。

省略

尾が描かれるのが当然の動物に尾がなかったり，隠れている場合，その人の原初的な情調や性的能力に触れられることへの不安を意味している。その識別は，いずれにせよ，動物のタイプ，サイズ，姿勢によってきまり，不安は，逃避あるいは回避によって防衛される。

サイズ

大きすぎる尾は（描かれた動物のタイプにとって，身体のサイズにくらべて不釣り合いに大きい），その人の潜在的な気分や性的能力があらわになることへの不安の過補償の感情であり，過活動あるいは顕示への傾向をともなう。

小さすぎる尾は，描き手の潜在的な気分や性的能力が明らかになることへの不当，受動，抑止の感情をあらわす。

姿勢

動物の身体の内側に含まれるか身体にぴっちりついている尾は，基本的に硬直的で圧縮的な感情をあらわしている。

もし尾が完全に胴体から分離しているならば，プリミティヴな感情や太古的な性的感情があらわれることへの不安を意味し，解離的感情か性的反作用の可能性がある。

四肢と尾の最適の表現

動物の四肢によって明らかにされる原初的水準での環境との相互作用の最適能力，および，尾が意味するプリミティヴな気分と性的能力や望ましさを示す最適能力は，無彩色・彩色両方の描画とも，以下のすべての要件に合致していなければならない：

　適度な描線の質と色合い；
　描かれた動物のタイプにふさわしい色；
　適当なサイズと形（描かれた動物のタイプにとって胴体と頭のサイズと形に釣り合っている）；

四肢と尾は適当な場所で胴体に繋がっていなければならず，動物の身体のなかに含まれたり，密着していないこと。

□ E．動物の全体

人間像と同様，動物の全体像も自己-経験の側面について洞察を与えるが，動物の場合は，それが潜在的でプリミティヴで，発達上は早期のレベルにある。

身体の構成

動物像に関しては，頭，胴体，四肢，尾のバランスがとれているかどうかは，その個人体験のプリミティヴな感情面と行動面の自己-凝集感に関係がある。

望ましくは，動物は，頭，胴，四肢，尾がそれぞれに釣り合いがとれていることである。主観的に，このことは，潜在するプリミティヴな情緒と行動の自己-凝集感をあらわす。

画像の釣り合いがとれていない場合は，それが欠如していることを意味し，歪んでいる部分に焦点のある補償的防衛的構造をもつ（図7.4）。

もし不釣り合いの程度が大きい場合は，プリミティヴな感情と行動との凝集の仕方に現実知覚の強い歪みがあることを意味し，思考あるいは/および神経学的障害の可能性が高くなる（図7.5）。

もし動物が非対称に描かれたなら，内的凝集についての描き手の体験に分割（split）があり，解離的リアクションの可能性がある。

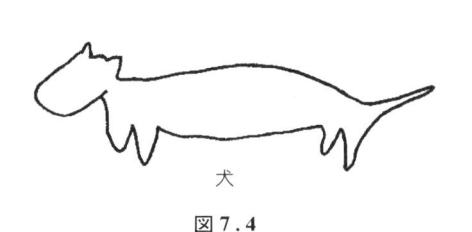

図7.4　犬

図7.5　犬

身体の真正性

　普通の基準に合うように動物全体を描く方法（つまり，それがいかにそれらしく見えるか）は，主観的には，潜在するプリミティヴな感情と行動を扱うときに，描き手が自分自身をいかにあるがままに感じているかを反映する。

　望ましくは，描かれた動物は，描き手が指名した動物らしく見えることであろう。これは，プリミティヴな感情や行動衝動を体験したときの内的現実感を指す。

　棒状（スティック・フィギアー）で描かれるときは，原初的感情と行動を扱うには，自分自身を非現実的で不適応と感じており，防衛反応は反対主義と回避となる。

　白抜きの輪郭線（全体の画像は輪郭で描かれるが，なかの部分はない）は，プリミティヴな感情を扱うのに，自己-実現感の乏しさを前にして，強い回避，引きこもり，うつの感情が引き出される。

　プリミティヴな画像（単純で，最低限の細部しか描いていないため身体の部分と胴体をほとんど区別できないような）は，いちじるしく退行した，あるいは未発達な自己感覚をあらわし，原初的で潜在的な感情と行動の文脈のなかに，思考または神経学的障害さもなければ精神遅滞の可能性が示唆される。

　もし動物像が幾何学図形のように描かれたならば（四角，円などが部分に使われる），プリミティヴな感情や行動を"現実"として感じる現実知覚の損傷を意味する。これもまた，思考あるいは神経学的障害を示唆する。

　奇妙だったりグロテスクな（異様な，あるいは醜怪に描かれた）動物像は，その人の現実感覚のなかに，恐れや怒りをともなう潜在的で深刻な障害感があり，思考あるいは神経学的障害を示唆する。

　動物像が空想的だったり奇抜（奇妙とかグロテスクとかではなく）ならば，プリミティヴな感情や衝動行動を扱うときの自己-現実の変容感である。しかし，もしその結果の描画が感動を生じさせるようであるならば，それは独創性を意味する。もし感動的でなければ，不従順か対抗主義の感情である。

　擬人的動物像は（その動物像が人間様の特徴をもっている），現実感覚を保つため必要な回避と逃避の有力な手段によって，原初的体験を厳しく閉じこめてしまう感じをあらわしている。

姿勢

動物の姿勢や動きは，その人のプリミティヴな感情と行動傾向の文脈のなかでの環境との相互作用の潜在力を意味する。

通常，動物像は真っ直ぐに立った不動の姿勢で描かれる。

非攻撃的な運動をしているように描かれた場合（歩いている，走っている，飛んでいるなど），積極的で断行的な最適の交流能力が潜在していることを意味する。

攻撃的だが暴力的ではない動きや姿勢（跳び上がる，後ろ足で立つなど）は，攻撃的感情をあらわす。

暴力的動きや姿勢（襲いかかる，嚙む，剝きだしている牙，叩くためにとぐろを巻くなど）は，敵意感情をあらわし，プリミティヴな憤怒の衝動に対してコントロールを失うことを示唆する。

動物が傾いたり寄りかかって描かれた場合は，他との交流について不確実感や不安全感のあることを意味する。

空中に浮かんでいるような画像は，プリミティヴな衝動体験においては，交流からの分離と逃避をあらわす。

もたれている動物像はそのような環境における受動性を意味する。

☐ F．その他の特徴

質問

描き手はその動物のタイプを指名し，年齢を答えるよう求められる。

種類

さまざまな種類の動物には，共通した日常的連想がある。描き手によって選ばれた動物の種類やタイプは，描き手（あるいは重要な自己対象）のなかにある原初的で感情的で行動的な主観的特徴すべてと関連がある。これは，動物像の描き方によってさらに修飾されるであろう。

犬や猫を描くのは，描き手が，順応のイメージをあらわすために，自分のプ

リミティヴな潜在力を正常化しようとしている感情をあらわす。

馬は強さと有用性の感じをもたらす。

飛んでいる鳥は，主観的には，自分の日常体験を超えて脱出したい願望に関係がある。着地あるいは止まり木に止まっている鳥は，その願望を挫かれ釘付けにされている感情を反映している。

梟は知恵を，オウムは話す能力，つまり原始的衝動を言語化する能力と結びつく。

ミミズ，二十日鼠，昆虫（有害でない）は，弱さや不適応感を示す。

象，ウサギ，パンダ，山羊（羊），雌牛，鳥，家禽（鶏），草食動物（キリンなど），そして空想的で風変わりな動物（暴力的な行動をしていない）は，非主張的な意味をもつ。

魚は受動性に結びつく。

肉食動物（ライオン，虎［暴力的行動をしていなければ］，イルカなど）は自己主張的感情を引き出す。

肉食動物が，もし暴力的行動の最中なら，攻撃性と結びつく。

蛇，ネズミ，蜘蛛（その他の有害な昆虫），鮫，フカ，コウモリ，空想的動物（暴力的行動中の）は敵意のある攻撃性を意味する。

年齢

動物にあたえられた年齢は，プリミティヴな感情と行動のコントロールについて，描き手自身（あるいは重要な自己対象）がどの程度成熟していると感じているかに関連する。

通常，動物の年齢は，7歳が人間の1歳に相当する。

望ましくは，動物に3歳から9歳の年齢が与えられるか，"大人である"，"成長した"と明示すれば，原初的経験をコントロールできる成熟の感情を意味する。

もし年齢が3歳より下か，"若い"あるいは"赤ん坊"として位置づけたなら，引き出される感情は，プリミティヴな感情と行動のコントロールに関して潜在的退行をともなう未熟な感情を意味する。

9歳以上か，"老いた"，"非常に年取った"とみなしていたら，プリミティヴな感情と行動を表現する能力が減少し，成熟感に取って代わる圧縮感とうつを

示す。

□ 動物画の構造分析例

K. X. のケース

　K. X. は20歳の大学中退者で，両親に強要されて治療に入った。両親は，彼の"怠惰で"，"隠し立ての多い"行動に，"苛立って"いた。現在は父の工場で働いているが，父は息子の行動について，仕事中ずっと"マネキンのようで生気がない"と述べている。その父親は，独立独行の成功したタフな実業家であり，息子に対して我慢がならず，拒否的であった。彼らの関係は険悪だった。母親も同じように息子のやる気のなさに失望していたけれども，父親よりは優しく保護的で，長く手厳しい父親の怒りから彼を庇護する傾向にあった。彼女が述べたところによると，彼は在学中は決して"成果をあげる"ことなく，クラスのピエロだった。

　K. X. は，結婚した姉と学業成績のよい弟との間の真ん中の子どもで，いつも彼らとくらべられてけなされていた。彼は，これまで物事をきちんと処理するのは嫌いだったが，ほんとうは読書と学業以外ならなんでも好きであると打ち明けた。父の仕事では，他の工員たちがボスの息子という理由で"避けるようにして"いるのを感じていた。

　K. X. は週1回の治療に入ったが，さらに深刻な麻薬，主としてマリファナの問題を抱えていることが，早々に明らかになった。

　図7.6と色図版19が，治療開始後すぐに描かれたK. X. の動物画である。蛇の鉛筆画の構造分析は，現時点の表面的な水準で，彼が感じたりあらわしているプリミティヴな感情傾向と行動傾向を見抜いた。

　頭の部分の最も目立つ特徴は，目と口である。細くて長く延びた形と濃く黒い描線は，ぞっとするような脅迫感と，K. X. が外界を見るときの生々しい敵意感情を再現している。画像が自己対象よりもむしろ彼自身に関連している形跡は，この蛇に"若い。1，2歳"という年齢を与えたことでも確かである。

　口は，この動物の典型からみても長すぎ，K. X. が，環境との基本的で原初的な交流のなかでは，過活動によって不安を過補償していることを示唆してい

図7.6

る。けれども，牙がないことから，過度の攻撃的行動という意味は弱い。

　これらの結果は，父に対する憤怒，兄弟への恨み，麻薬の渇望を満たすことへの熱中，という彼の報告とも一致する。

　長く延びた胴体は，今にも爆発しそうなプリミティヴな力に対して強い不安を潜在させている人（濃い描線と加筆された色）というイメージに，さらに補償的顕示性を加えている。後ずさりしている姿勢は，この蛇に，とぐろを巻いて，いつでも攻撃できる状態というよりも，むしろ攻撃された場合の自衛の準備の感じを与えている。つまり，危険を警戒して脅す姿勢をとってはいるが，自分のエネルギーや能力を，外界を自由に操作するためでなく防衛のために集中させているのである。

われわれの注意を引いたのは，鋭くとがった尻尾の先端の濃い色の"網梯子"で，潜在的に危険を感じている人びとを怯えさせることによって，危険から自分を守りたいという K. X. の緊張と攻撃的な気分をあらわしている。尻尾はまた，K. X. の性体験における攻撃性の絡み合いを意味する。

 こうしたプリミティヴな感情や行動傾向を感じたときに，彼がそういう自分をいかにリアルに感じているかについては，蛇の全体像が真の感情を示している。けれども K. X. は，"最初はキリンを描きはじめたが，そのあとは鳥になった"と語った。このことは，K. X. が危険で不毛な世界に直面するとき，敵意−攻撃の姿勢の根底に，受動性と脆弱性があることを意味する。蛇の年齢が若いのは，麻薬が与えてくれる不安のない状態への未熟な退行願望の意味を強める。

 彩色画の動物，鳥は，情緒的により深く複雑な体験レベルに触れるような刺激状況での，K. X. の原初的な情緒的行動傾向をさぐることができる。

 この描画は，自己あるいは重要な自己対象と本質的に関係があるだろうか。テストの評定者は，尊大感を示すこの画像のサイズと姿勢に強い印象を受けた。さらに，蛇にはわずか1歳という年齢を与えたのとは反対に，この鳥に3歳を与えたのは，K. X. が，父親についての感情を色彩描画に積極的に投影すると同時に，自己対象との同一化を通して自分の自己−状態を明らかにしたことを意味する。父親からの最適の映し返し（optimal mirroring）を欠いているため，K. X. は父親を強さの外観を与える特性で理想化することによって補償してきたようである。

 さらにわれわれが発見したのは，画像の目と口が，著しい敵意感情と積極的な攻撃的態度を引き出していることで，これは，K. X. が，父についても自分自身についても，外界や相互に関係するときにいつも感じていることだった。けれども蛇と違って，鳥の目には瞳孔がない。これは，より深い情動レベルでは，K. X. は，外界との交流において引き下がることによって不安とうつ状態から自分を防衛していることを暗に示す。加えて，濃い黒の口の線が示す極度の緊張は，何らかのかたちで解放されるために麻薬を摂取することになる不安を指し示している。

 嘴の黒の脇にだけ黄色を使ったのは，耐えられない重荷と拘束から解放されたい願望の意味を加える。

次に，長くのびた胴体に注意をひきつけられる。これは，父という自己対象にこの画像を同一化させることになった尊大さの感情に結びつく。K. X. は，彼と彼の父がともに，どれほどありのままの力があらわれるかという不安を感じながら，尊大さの特徴をもっと目立たせ，顕示主義と支配傾向を伝えることによって過補償していると言える。

手足に関しては，翼の長さは，基本的機能についての不適応感に対する過補償を意味する。K. X. は，胴体を描いたあとで翼を加えたので，翼を通して身体の線が見えてしまう透明性は，現実検討の大きな障害を示唆する。長さを延ばしたいという彼の願望のなかで，彼はすでにできあがっていた現実的拘束を無視してしまった。このことは，K. X. が満足をもとめる深い欲求のために，規則を無視し，判断を誤っている現状と似ている。

濃く描かれた鳥の足は，大きな身体を支えるには小さすぎるが，外界との交流で彼が体験している緊張と不適応感，抑止感，そして受動性を証明している。

この鳥は飛び立とうとしているのではなく，脅迫的な姿勢をとっている。ここには，感情・衝動・能力の間での内的バランス感覚に凝集感が欠如している。けれども，画像のサイズが示唆するように，3歳という鳥の年齢は彼自身の年齢（20歳）と一致していること，画像の"見かけ"に本物らしい表現性が感じられることなど，自分自身と重要な自己対象をどのように感じているか，より深い感情レベルにおける実像を，この画は反映している。左側に黒色を使ったことであらわれた不快，不満足，うつの調子は，治療に入るときのK. X. の基本的状態を特徴づけている。

週1回の治療は，主として共感的な批判的でない体験を与えることを目的としていたが，その1年後に，われわれは何を見いだしたであろうか。

K. X. の無彩色描画（図7.7）は，今度は魚である。蛇で示された敵意ある攻撃感情は全体としてなくなった。しかし目は大きく，瞳孔が加筆され，過度な警戒感をあらわしている。唇の格好と表現を組み合わせると，原初的満足に接したい渇望感がある。普通よりも大きいサイズの身体と無頓着ななぐり書きの陰影は，エネルギーをこんな風に使うことでK. X. がリラックスしていることを意味している。上部の濃い鰭のような突起と，下部の鋭いギザギザは，治療の始め頃に K. X. が環境との接触に抱いていた不安と潜在的攻撃性の痕跡

が，差し込まれたものである。尾の濃い描線もまた緊張感をあらわす。それはおそらく，性的能力と望ましさについての彼の感情に関することであろう。しかし，この生後6カ月の魚は可愛らしく，受動的で，人を脅すことなどない創造物という主観的特徴がまさっている。

図7.7

　治療のなかで報告したように，K.X.は父親との交流で，怒りが少なくなったことを体験している。けれども，主として，不安を鎮め，社会活動をし，ガールフレンドとの性的関係のために，彼はまだ麻薬を使っていた。

　犬の色彩描画（色図版20）は，治療初期の色彩の鳥の敵意ある傲慢な感じから，原初的欲求のより温和な表現へと変化した。しかしながら，情緒表現のより深いレベルでは，かなりの不安と緊張がまだK.X.の体験を特徴づけている。

　長く延びた濃い円筒形の鼻と加筆された鼻の部分は，プリミティヴな感情にかかわる強い緊張感と過敏性をあらわす。濃く描かれた空白の目と過度に延びた薄黒く塗った耳は，過敏さと防禦的引きこもり反応の意味を強めている。K.X.は満足を渇望しているが，それを捜し出すことに慎重さとためらいを残している。

　頭にくらべて非常に大きい胴体は，なぐり書きの線で埋まっており，基本的な強さについての不適応感と不確実感を内包している。

　脚は，濃く加筆され長すぎるのは，社会でうまくやっていくための不安が強いだけでなく，その不安を克服したい衝動を示唆している。これは，K.X.の描画では環境における機動力（脚）を描く最初の試みであることを考えると，脚を描く努力とは，基本的欲求を満足させるため，消極的であることをやめようとする深い願望の表現と見られる。それでもなお，脚が1本胴体から離れているのは解離の可能性を，足の輪郭が描かれていないのは，怠惰で未分化な行動を意味し，K.X.の未熟な不適応行動がまだ潜在している感じを強める。

　垂れ下がった形で描かれた長い尾と，黒色の濃すぎる描線と，年齢が（人間に換算すると）K.X.の実年齢よりもはるかに多い7歳ということを合わせる

と，これらのすべては能力低下とうつの感情を示唆する。

　より深い感情と行動欲求へのアプローチを正常化しようとする努力の一方で，K. X. は，現実の世界に取り組むことに不安と緊張でいっぱいであると彼自身感じている。

　動物描画に反映していると思われるのは，治療に入ったときは敵意のある攻撃性を鎧でおおった性格をもつ若い男性で，強い不適応感に関連した不安から逃れるための過補償の防衛機制をともなっていた。1年後，共感的な自己対象によって十分に元気づけられたと感じていた彼は，自分のプリミティヴな潜在力を，比較的受け身の開放的な仕方で，日常の環境のなかで経験したことと関係づけられるようになった。より深い感情的レベルでは，自分が体験した大きな不安を表現できた。正常に機能する人と同じように欲求の満足を探そうと試みると，大きな不安を体験することも表現できるようになった。

第8章

投映描画法に見られる"垂直分割"

　"垂直分割"の概念は，T. Y. の人間像描画の考察のところで紹介した。
　コフートは最初『自己の分析』(Kohut, 1971) のなかで，この概念を詳しく述べた。彼の説明によると，子どものなかで自己愛エネルギー（自己顕示性と誇大性）は表出に向かって上に移動するが，子どもの独立の努力を認めることに反対して，自分自身の自己愛欲求と入れ換えてしまう親の自己対象によって，結果的に，吸収される（co-opted）かもしれない。このような場合には，その子どもは，自己対象を求める努力から派生した自分の傍にいつも一緒にいる別の自己-体制（self-organization）を形成する。この"別の"自己を否認すると，自己-体制を現実自我と結びつけてしまう。その現実自我は，映し返し（mirroring）を受けることなく，理想化や双子（twinship）の機会を奪われてしまい，低い自己-評価，孤立，主導性の欠如，うつの体験を被りやすい。コフートは，われわれは，それぞれ異なった目標構造，異なった喜びの目的，そして異なった倫理や美的価値をもった凝集的な人格態勢の存在とつきあっているのである，と述べている。
　バカルとニューマン（Bacal & Newman, 1990）は，コフートの"垂直分割"をウィニコット（Winnicott）の"偽りの自己"，サリヴァン（Sullivan）の"幻の私-あなた限り関係"，フェアバーン（Fairbairn）やガントリップ（Guntrip）の分裂病質パーソナリティ形成の見方に関係づけた。
　これらの分割は，子どもの初期の発達体験の失敗を表徴するとともに，自己-体制を保って御しがたい感情から守るためには，どんな犠牲を払っても自己対象とかかわっていたいという絶望的な欲求を反映していると，バカルとニューマンは述べている。
　ゴールドバーグ（Goldberg, 1995）は，倒錯的な性行動に関する彼の解説の

なかに，コフートの"垂直分割"を組み込んだ。すなわち，心の一部分には倒錯行為が宿り，一方それとは別に現実自我が隣り合って現存している，と。バカルとニューマンのようにゴールドバーグも，分割は，親の支持してくれる自己対象と結びついているためには必要とされる，と述べている。自己の一部分は，太古的幼児的自己対象の誇大で顕示的な表出に参加し，自己の他の部分は，この行動に気づかない。"垂直分割"によって，この倒錯区域（sector）はあたかも別々のパーソナリティであるかのようにふるまう。性的興奮は，枯渇した自己，つまり責任ある自己対象から共感的な調律を受けたことのなかった自己，にとっての"治療"なのである。ゴールドバーグは，この分割が正常から明らかな精神病までの範囲に及んでいると指摘している。

治療の初期に，投映描画法を通して"垂直分割"を確認したことにより，治療者は，表面上は一致しない矛盾した患者の行動を認知することができ，基底にある誇大的-顕示的欲求に共感的に波長を合わせる（attuning）ことにより，その分割を癒そうとしている患者の努力に焦点づけることができた。

"垂直分割"が存在している指標としては，無彩色描画が消耗した自己-構造の証拠を示し，一方で，彩色描画が情緒的エネルギーの点でそれとは明らかに対照的な構造的要素を示したときに，見いだされる。

治療が一区切りした後の再テストで，治療者は統合が生じた範囲を査定することができる。家・木・人・動物の無彩色と彩色描画の両方を用いて，垂直分割を明らかにする機会を患者に与える必要をここで強調したい。

□ "垂直分割"の例

I. D. のケース

I. D. の樹木画は，木の構造分析の例として紹介した（第5章）。最近失業し離婚した46歳の男性で，結婚の失敗と仕事を失ったことに関連する不安とうつを呈していたことを思い出すであろう。

I. D. の最初の樹木画は，無彩色（図5.32）と彩色（色図版13）で，大きな違いがあらわれた。その印象は，まるで別の人間によって描かれたように見えたほどである。鉛筆の樹木画は，環境とのかかわりへの不安，強さの欠如，

最低限の安定感と安全感と洞察を反映していた。それとは反対に，クレヨンで描かれた木は，活き活きと強く，成熟した感じを呼び起こし，適度の安定感と結合性をもっていた。

　これら二つの描画の不一致は，垂直分割の存在を示唆する。すなわち，彩色描画は誇大的-顕示的エネルギーの表出を象徴しており，感情表現のはけ口を心ゆくまで与えた自己対象環境において，凝集的自己-体制を形成したのである。これが補償的構造である事実は，われわれが無彩色樹木画を共感的に見て，そこに崩壊と切断と弱さの感覚を体験したとき，発見できるのである。自己対象の支持を剥奪されて，この自己-体制は，今-ここで"現実の"世界に直面するエネルギーが枯渇していることを明らかにした。

　治療1年後の無彩色樹木画（図5.33）では，環境との交流能力が適切というにはほど遠いが，I. D. が，より分化してきたことを明らかにしている。まだ不安と不確実感を反映しているが，内的強さの感覚は，交流する能力により結びついてきている。接地線があらわれたことは，現実の世界に直面するときに彼がすでに感じていた内的支持の基盤を意味づけた。色彩の樹木画（色図版14）は，無彩色よりも強く見えるが，最初の色彩樹木画ほど活気が見られない。もはや誇大的-顕示的エネルギーを最適なものとして示していなかったのである。

　描画の変化に反映したものは，治療における自己対象欲求への前進的で日常的な波長合わせの結果である。

　このように，1年間の心理療法の後，今-ここでの"現実"体験にかかわるI. D. の自己-体制の枯渇が少なくなったことと，より広範囲に感情表現の機会が与えられると自己-体制に投入されていた誇大的-顕示的エネルギーの弱まりをわれわれは見いだした。

　ここで，治療の始めに描かれた I. D. の男性像に移ると，樹木画と同じように，無彩色と色彩の画像（図8.1と色図版21）の著しい違いを発見する。無彩色の人物画は弱々しく受動的でばらばらの像であるが，彩色の人物画は活き活きとして，強く，断固として見える。構造的には，鉛筆画の頭部は，知的適応性について回避的な不安感を示している。帽子を描いたのは，能力についての不安を隠蔽によって防衛しようという試みであるが，その代わりに緊張と現実吟味の低下をもたらした（透明性）。小さな目で耳がないのは感情的な交流

からの引きこもりを指し，一方，小さくて端の下がった口は，まぎれもなく不快感と引きこもり感を与える。顎がないのは優柔不断を，そして首がないことは，不全感のために心身の統合を扱うことからの逃避願望を，それぞれ強めている。

　責任を引き受ける能力についての断片化した感覚は，内的強さと性的能力と統制力の不全感に関する不安をともなっている。

　外界との交流についての著しい不安とアンビバレンスは，濃く加筆された大きさの違う腕によってあらわされている。さらに両手が隠れて見えないのは，統制力を働かせることへの強い不全感と萎縮感を意味している。

　脚の描線は弱いスケッチ風だが，世間と付き合おうとすると生じてくる躊躇いと確信のなさを引き出している。右脚の歪みは，あたかも彼が過去に引き戻されているように見え，実際に効果的に世渡りをしていく能力を損なわせているのである。自律への深刻な不安感は，両足の濃い陰影に反映している。右足が，歪んだ脚から分離してしまっているのに加えて，右の細い腕も胴から離れて，右手が隠れているのは，統合できなかった無分別な行動について，I.D.の心の中に潜んでいる感情をあらわしている。

　彩色の男性像に移ると（色図版21），無彩色の男性像が不適応感に満ちていたのと同じ程度に，自信に溢れて見える。構造的にこの画像は，無彩色の日常的な"現実"世界にかかわる画像にくらべ，望ましくない指標がはるかに少ない。この画像を見る

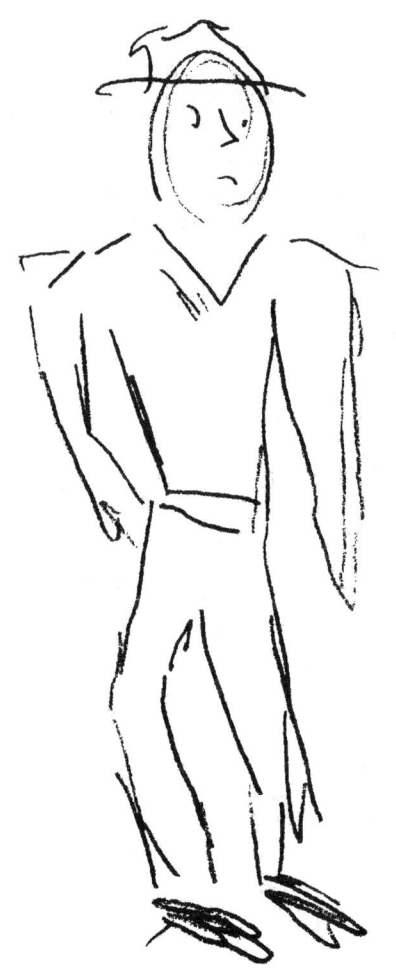

図 8.1

と，力と成功を身にまとった"ビジネスマン"を見いだす。けれども，I. D. は，この彩色の男性像にも問題がないわけではないといういくつかの証拠を挙げて，彼が経済のことで大変悩んでいると説明した。両手が隠れていて，顔と靴が濃く加筆されているのは，社会と直面し，自分を主張することへの不安を露呈している。これらの結果は，"垂直分割"自己-体制の補償的な外観に内包する不安を指摘している。

治療の期間中に，I. D. の両親の結婚生活は暴力的な争いが絶えなかったことが明らかになった。父親はひどい酒飲みで，子どもの頃の I. D. をほとんど無視していた。母親は，他人との付き合いのない"孤立主義者"で，いつも I. D. の考えが間違っていると思い込ませるようにしむけた（彼が生まれたとき両親は他の親とくらべて年取っていた）。彼の兄弟たちが決してできなかった重要なこととして両親の印象に残っているのは，I. D. の学業成績が良かったことと，大学を卒業したことであった。I. D. は，映し返しのために自分の魅力と機知に頼ることを他の大人から学んだ。このことは，もし彼の誇大的-顕示的エネルギーが消失した場合は，これまで自己対象からの承認を経験したことのない彼にとっては，何も残らないままにおかれることになる。

治療1年後の男性像の描画を検討したとき，われわれは，より強くなり統合された無彩色の画像（図8.2）を見いだした。

髪は，帽子の下に隠れておらず，口は微笑んでいて，頭は身体に繋がっており，（不安はあるが），少なくとも片方の肩は四角く，意味深いことに腕のサイズは同じで，手も，不安がないわけではないが環境との結びつきや統制ができ

図8.2

ることをあらわしている。この人物は"35歳で，満足し，リラックスしていて，その夜外で一緒に過ごすことになっている女性のことを考えている"と描写した。彼の今の現実に結びつくこの画像にとって，自己愛的エネルギーの利用が垂直分割を放棄させたことを示唆している。彩色の人物（色図版22）は，より開放的で拡張的であるが，情緒刺激を受け反応することや他人と接触することの不安をいくらか残している。身体の構成や姿勢の類似性は，この患者の自己-体制の統合の意味をさらに強めている。

第9章

印象分析と構造分析によるまとめ

　この最終章では，投映描画法理解のための自己心理学的アプローチの適用について，これまでの章で進めてきたことをまとめていく。

□ C. N. のケース

　C. N. は30歳の離婚した歯科医で，現在のガールフレンドの熱心な勧めで治療に入った。彼らの関係は"断続的"パターンが目立ち，別居と和解の両方とも，言いだすのは C. N. の方だった。治療では，口汚い姉との関係を詳しく述べることから始めた。その姉は，彼よりも周りの評判は良いが，彼がいかに社会的に不適格者であるかを決して忘れさせないように仕向ける人だった。彼は，自分が姉にこんなに我慢しているのに，"情緒的虐待"と思っていないような両親から支えられている感じはもっていなかった。

　C. N. は，父親について，立場をはっきりさせるよう強制されるまで議論を避けて通るような，感情を表に出さない人であると描写した。この父親はすべてに母親とは違っていた。母親は，自分の兄弟に劣等感をもち，その結果，自分の意見に固執し，他人のことに首をつっこんでけなすことで自分を売り込んでいた。C. N. は，痩せて運動好きな父親と，肥って不器用な自分との間に，双子体験（twinship experience）をもった記憶はなかった。対照的に，母親は彼の学業成績にかなりの関心をもっていたが，それを自分の手柄にしていた。

　結婚では，妻が C. N. の母親や姉と非常によく似た，自分本位の人であることを経験することになった。彼女は，現在の彼のガールフレンドと違って感

図 9.1

情を抑えていた。しかしながら、妻が少しでも離れようとすると、それがひどい共感の断絶と体験されるので、結局、彼の方が離れたのであった。

　C. N. は、人生における主要な女性の自己対象たちとの体験によって、どんな女性でも、常に与え認めてくれる人であると信じられなくなっていることに気づいた。他方、父との間で理想化の自己対象関係をつくることに失敗した結果、内的強さの感情と自己-鎮静（self-soothing）力を内面化できていなかった。そのため、治療の最初の目標は、理想化された自己対象転移を確立することになった。それは、C. N. が、ガールフレンドとの関係で体験した、いわば共感的な痛手の破壊的効果を和らげ、それに打ち勝つことを可能にするだろうと考えたからであった。

　治療に入って約1カ月後に、C. N. の描画は完成し、まず無彩色の家屋画（図9.1）を描くのに注がれた積極性と丹念さが印象に残った。

　無彩色の家屋画の印象によると、C. N. が、発達初期に自己対象環境と直接どのようにかかわっていたか、そして描画が自己-構造について何を反映して

いるかについては，好ましいものであった。すなわち，近づきやすく，親しみやすく，引きつけられるような，心地よい，創造的な，装飾的な，細部にわたる，堂々とした，発展的，型通りの，友好的な，人が住んでいるような，まとまった，正確な，関係のある，力強い，温かい，裕福そうな，である。しかし，正面の壁を圧倒するような大きな煙突のある側壁の印象は，見通しのバランスが悪く，その結果，彼は外界との接触に関係のある部分（たとえば窓と扉）を詰めこんで描かなければならなかった。この部分は詰めこみすぎの重荷でまるでたわんでいるような感じである。

　構造分析もまた，近づきやすさをあらわしているが，扉や屋根つき玄関ポーチの丹念な細部装飾は，不安の潜在を示唆し，その不安は強迫的な方向と顕示的傾向によって補償されている。また，短く縮んだような通路は近づかれることへのアンビバレントな感情を示している。

　しっかりした基線と地面は安定感を与えるが，灌木の生け垣のうしろに家の基線が透けて見えるのは，彼のちょっとした判断ミスである。窓の数，描線，サイズ，位置，それらの詳細さは，外界との関係に対して非常に積極的であることをあらわす。

　自己-統制を反映する壁の描線は，不安と頼りなさを示している。この巨大な側壁は，C. N. が，暖かさ（煙突）に心を奪われている自分の特徴的な側面と同じくらい，もう一方では，他とのもっと違った交流にも参加できる側面を示す必要を感じているようである。

　この屋根は，煙突と窓を貫通して描いた下線を除けば，内面のしっかりとした知的生活をあらわしているが，基線と同じく屋根の透明視は，ちょっとした判断の誤りである。

　煙突が目立つこととその大きさは，C. N. の欲求の中心が温かい家族関係であることを明らかにする。しかし煙突の描線が真っ直ぐでないこと，真ん中が屋根の下線で切れていること，煙突のてっぺんの突起と煙が屋根の線のために透けて見えること，煙突の大きさにくらべて煙の量が少ないことなど，これらすべては，C. N. が家族関係の問題に困難を抱えていることを指している。

　デッキ，傘，そして窓のフラワーボックスに沿って草むらが加えられたのは，描画に生活感とバイタリティを与えている。この家についてどう感じるかという質問への C. N. の答えは，その印象をさらに強める（"温かい，居心地

の良い家。外が暖かいときはデッキでくつろいで楽しみ，寒いときは暖炉のそばで身体を温める"）。けれども，誰が住んでいるかという質問の答え（"家族。父と母と子ども（たぶん，子どもはひとりではない）"）は，家族のなかでの自分の位置について不確実感と非安全感が潜在していることを明らかにした。

　彩色の家屋画（色図版23）を検討すると，自己対象関係性についてかなり違った意味が得られた。すなわち現時点での"現実"とのかかわりのなかでの機能を反映する鉛筆画では，発達初期の自己対象満足の源である家族との結びつきが，もっと念入りな格別の努力を必要とすることを示している。しかし色彩の利用によって退行的な感情的レベルになると，その家屋画の印象分析は，近づきやすく，活き活きとしていて，温かいところもあるが，堅固な無彩色の家とは反対に，カラフルでキュートで，控えめな，普通の，単純で，素朴で，でしゃばらない，感じとなった。

　"現実の"目前の世界における自己対象関係は，より大きな知的努力を要する。しかし彩色描画のルーズで単純な特徴は，彼が，もっと容易でリラックスした自己-体験と自己対象関係を望んでいることを明らかにした。

　治療がすすむにつれ，彼は歯科医の仕事を続けることの拘束と要求に疲れていること，都会でない地域に引っ越して，もっと楽な仕事を探したいという願望が明らかになり，最初の家の描画からもこれらのことが確証された。

　構造的にみて，彩色の家は，青色を塗った飾りのないドアが，静けさと平和と平穏を内包している。けれども，弱い描線，接合の曖昧さ，不注意に描かれた階段は，情緒レベルにおいては，C. N. がいかに親しみやすさに自信がなく，アンビバレンスで，矛盾しているかを暗示する。家と通路の結びつきが粗末なのは，通路の端が用紙の下端でなく横に向かって終わったことと同じように，近づかれることへのアンビバレンスを伝える。

　無彩色の家屋画には，茂みと確かな地線であらわされた基線があるけれども，この家は地上から浮き上がっているように見え，環境との間に十分安定した関係をつくる能力が身についていないことを示している。

　窓はわずか二つで粗雑に描かれ，ドアの上端より上にあるのは，他人との交流を心から望んでいるのではなく，むしろ分離や警戒感を強めていることである。

壁の描線が濃くて，まっすぐでなく，屋根と接合していないのは，自己-統制への不安の印象を加える。一面の壁しか描かなかったのは，感情表現の機会を与えられて，C. N. は自分自身の外面だけをあらわしたのである。"現実"世界で彼が描いた丹念な家屋画に潜在するのは，他との接触のためにもうこれ以上の努力はしたくないという意味である。彩色の屋根を薄いけれども赤で色づけしたのは，平和そうな家の正面の，陰に潜んでいる彼の興奮と活動への願望を暗示する。

煙突の濃い赤と，煙の濃い黒は，家族的かかわりへの待望にともなう緊張と熱意を意味する。

カラフルな花，茂み，木は，この描画に幸せそうな活き活きとした感じを加える。しかしなお，"赤い-頭の"ほとんど余計なといってよい木（母親？）があるのは，自己と自己対象結合にどのようにバランスをとるか，C. N. の不安が潜んでいることを示す。

それにもかかわらず，質問に対する答えをみると，より伸びやかな感情的反応をする機会を与えられると，C. N. は，葛藤も少なく，活力や行動力や慈しみの気持ちが増えている。彼はこのように答えている："これは家族が住む家です――母，ふたりの子ども。住むには愉快な場所で，家族は一緒に遊びます。とても温かくて気持ちがよくて，晴々とした場所です。新鮮な食べ物をここで焼きます"。

次に樹木画に移ると，治療のはじめに実施した無彩色の木（図9.2）の印象分析では，つぎのような形容詞のリストができた：活き活きした，攻撃的，怒った，自己主張的，（やや）不毛，（やや）若々しい，ごちゃごちゃしている，混乱している，細かい，特異な，支配的，入念な，広がりのある，想像力に富んだ，成熟した，力強い，（やや）殺風景な，頑丈な，強い，強靱な，型にはまらない。

これらの印象のほとんどは，樹冠部分から生じたものである。構造的には，幹にくらべて樹冠部分が大きいのは，過活動的になることによって環境との交流不安を過補償しようという意味である（この解釈は，働きすぎのせいでどんなに自分は不幸であるかという C. N. の報告と一致する）。

枝の下の方には葉がない（"差し出すものがない"という意味）けれども，分かれていった枝先では葉が混んでいて，それを軽率にまとめたため，外観は

図 9.2

 ほとんど混沌となってきている。これには，C. N. の基本的なアンビバレンス，つまり独りでいたいけれども，他人と付き合わなければならない，という強制された感情を感じることができる。
 一番外側の鋭く尖った強い筆圧の枝とそこから別れた棒のような群れは，この交流についての衝動強迫にともなう敵意-攻撃感をあらわす。
 樹冠の上部が用紙の端に近づいているが，それを超えないのは，自分の限界

を超えようと熱望しているが，自制あるいは抑圧してしまう感情を例証している。

　幹は樹冠にくらべて小さく，環境との熱中的で複雑な交流を支えるには内的力が不十分であると彼自身感じていることをあらわす。濃く描かれた外側の描線は，自分の強さを保持していくことの緊張感であり，幹がわずかに傾いているのは重圧感を示唆する。

　幹の上部近くにある"うろ"の位置は，かなり最近のトラウマを示し，それはおそらく離婚であろう。スケッチ風の描線は，この傷に対し彼がどれほど敏感で脆くなっているかを思わせる。

　木は明らかに接地しているが根がなく，全体の構造に対しアンバランスな感じを与える――内的な痛みや熱望から逃避する脱出のためであろうか。C. N. は，この木は"100年から200年経った"しかし"非常に元気"と答えている。これは疲れ切っているけれども，なお活力を得ようと努力する彼の感情と理解される。さらに彼は"いちど葉が落ちて春の葉がちょうどあらわれたばかり"と述べたのである。

　彩色の樹木画（色図版24）の，より単純で寡黙な画像を見ると，家屋画と同様，C. N. が"現実の"黒と白の世界にかかわるには，大きな努力を必要とすることをあらためて思い出させる。この描画についての目立った形容詞は，活き活きとした，親しみやすい，（やや）若々しい，優しい，（やや）孤独な，平和な，（やや）悲しそうな，（やや）強い，（やや）弱々しい，である。葉の領域の淡い着色と枝がこのように混じり合った印象を生じさせたのであろう。

　構造的には，樹冠部分には，無彩色描画のような攻撃性や錯綜はない。サイズ，バランス，用紙内への収まり具合は，環境との交流の強い適応感を伝えている。しかし，色合いの弱さが躊躇と不確実感をよび起こさせる。ここでも，C. N. は感情表現の機会を与えられると，リラックスし，自己対象に結びつこうとするときに感じる不安や自信のなさを，気兼ねなくあらわにする。

　幹の濃い茶色の描線は，世界における自分の位置を保つための緊張感を示唆する。内部の枝と"うろ"の弱々しさは，対人関係問題とトラウマを扱う際の緊張の低下を意味している。

　他方，幹の下草の濃い緑の線は，より深い無意識の層まで体験を掘り下げて考えることへの防禦の感情を伝えている。

質問に対する C. N. の答え（彩色の木の年齢は 30 歳から 40 歳，元気で，時は夏）は，より広い感情レベルにおいては，自己感（sense of self）に集中するが，かすかに見える左上隅の"にこにこ顔の"太陽は，主として自己-表象に直面する樹木画においても，彼の世界のなかでは，強力な激励の源の存在（またしても母？）に対して子どものような感情体験を引き起こすことを示している。

　人を描きなさいと言われたとき，C. N. は最初に女性像（図 9.3）を描いた。これは，主観的には，彼の人生における女性の自己対象の重要性を意味する。この鉛筆画の女性像は男性像（図 9.4）よりもかなり背が高い。男性としての自分の地位にまつわる C. N. の不安は，このように，女性の自己対象に対する不全感と受動的-服従的傾向をともなってあらわれる。この女性は 30 歳で，彼のガールフレンドか前妻に関係がある。

　印象的には，無彩色の女性は，活き活きした，油断のない，親しみやすい，穏やかな，（たぶん）友好的，家庭的，開放的，警戒的，に見える。この人物像は温厚で控えめのようであるが，目の緊張感と"モナ・リザ"のような微笑，荒々しいヘアスタイルのために，謎めいた特徴を示している。

　頭部についての考察から構造分析をはじめると，まず大きい頭に驚かされる。これは C. N. が，女性の自己対象を，知的技量への不安を過補償する傾向のある，過剰な知的関心の持ち主として見ていることを示し，前妻とガールフレンド両方についての彼の描写と一致する。濃い描線で強められた大きすぎる目は，この描画の特徴をさらに際立たせている。C. N. はこの絵で"彼女はいつも油断なく，いつも警戒的で，すべてを見ている"と言っているようである。つまり"現実"世界にいる女性の自己対象に当てはめてみると，疑い深くて，おそらく妄想的

図 9.3

な人の，強烈で容赦のない詮索のもとにいるのが，いつもの自分である，という意味になる。

　対照的に，耳は濃く描かれてはいるが，顔の他の部分よりは相対的に小さく，頭から離れて突き出ている。これは，女性の自己対象が，彼の言うことを"聞く"能力だけは選択的にもっているという彼の認識を示す。

　無彩色の女性について，C.N. はこのように述べている。"30歳。この絵のためにポーズをとって立っている。動けるようになるのを待っている"。彼女は"すばらしい"気分で，"私はかなり元気がよい。うまくやったと思っている"。これらの答えは，偏執的で過剰に知的な人物という構造分析と，どのように違うのであろうか。たぶん C.N. は，人生における重要な女性たちについての，彼の基本的な"実生活"体験を反映したのであろう。つまり彼女たちは，従順に行動する（ポーズ，待つ）が，基本的には自己愛的で，関心は自分自身の目的を果たすことにあるのだ。

　口は，緊張感のためと，仲間入りしたいと見せかけることによって，付き合いの不安を過補償しようとする不自然な愛想のよさをあらわしている。

　むしろ，"型にはまらない"，"自由な"髪の様子は，この画像の"セクシーでない"全体の調子を乱している。C.N. は，実際の行動では彼女が軽視している性的関心の仄めかしを感じていることを表現している。つぎに，過度に太い女性像の首は，思考と行動を統合するのが難しく，衝動的暴発を生じさせる人を意味する。

　矛盾したメッセージは，胸の谷間と乳房のあらわな輪郭の手がかりにも見られる。

　描画の残りの部分では，手と指の濃い輪郭線だけが目立つ。C.N. はおそらく，彼女と自分の両方の生活をコントロールする彼女の能力に対しての不安を描いたのであろう。ドレスの袖口を描かなかったのは，彼女の間違った判断や潜在的な衝動性に関する C.N. の不安を目立たせる。

　この人物の足は用紙の下線に触れているが，C.N. はこの女性のことを，自信がなく支援が必要な人と見ている。

　C.N. はまたこの女性を自己-凝集性が欠如しているかのようにあらわしている。不動の姿勢と合わせて考えると，感情的に抑えられていて，積極的参加よりも認知力や知性を強調する人を意味している。

彩色の女性像（色図版25）は，これとは対照的に，バランスは崩れていない。クレヨンで描いた場合，つまり鉛筆画よりもより大きな感情表現の機会を与えると，人物像は，活き活きと，油断なく，（やや）心配そうな，不器用な，拘束された，夢のような，おとなしい，温厚な，ものしずかな，考え深そうな，緊張した，威嚇的でない，若い，という印象を与える。表情と姿勢をみると，目を片側にそらしていることと腕を曲げていることが，これらの全体的印象を引きだすのに役立っている。

構造的には，目を濃く縁どっているのは，情緒的刺激を受けて反応することへの不安を指し示す。しかしその印象は，鉛筆描画の鋭く過敏な印象ではなく，はるかにソフトでイメージしやすい。髪はまとまっていて，首は強調されているけれども適度なサイズであり，C. N. が女性と情緒的にかかわるときに信じ込んでいたタイプの女性の思考や空想ではない。むしろ，傾斜している右肩にあらわれた責任をとることの困難さであり，不器用にしゃちほこばって描かれた，特に左腕が示すような，決意を実行し手を伸ばして接触をすることの困難さである。画像の姿勢から推測すると，ためらいがちで，環境と自由に接することができない性向を感じる。

この画像に乳房の輪郭がないのは，C. N. が女性を，養育者としても性的に成熟した人物としても体験していないことをあらわす。

身体の下部の輪郭が濃い黒なのは，女性の自己対象の性に関する C. N. の先入観と苦悩の意味を強めている。この人物に対し他の点ではよりマイルドな彼の感情反応が，この領域に対してだけは，まるで切り離されているかのようである。なぐり書きの赤い線は，女性との断続的で混乱した性的交渉を象徴している。

クレヨン画の女性の足は，用紙の下線の助けを必要としてはいないものの，かろうじて識別できるような楕円形の足で，子どものような未熟さと，自律性の萎縮を示している。

この人物には36歳の年齢を与えたが，それは C. N. 自身やガールフレンド，前妻の実年齢より5歳以上年取っており，未熟と見られることへの不安の補償傾向を示唆する。この人物は周囲に対して警戒的だが，"そこを離れて，動きだし，そしてぼんやりと立ち止まっている"と述べている。このなかで，C. N. は彼女の受動性に不満をあらわしている。彼は彼女のことを"関心が乏

図 9.4

しく,偏執的で,不安そう。彼女はこんな風に描かれるのは好きではない"と見ている。もっと広い範囲で情緒的にかかわるときには,彼は,そういう批判に彼女が不満であることに気づいているようである。

　男性像については,無彩色の男性像(図 9.4)を,率直に自己像と認めた。

印象分析は：活き活きした，油断のない，親しみやすい，（やや）依存的な，友好的な，幸せな，形式ばらない，元気のよい，開放的な，愉快な，温かい，用心深い。印象は大体好ましいものであるが，強制され，圧力をかけられたような表情には緊張がある。

　この印象は構造分析でも，いろいろな点で裏づけられるように思われる。濃く描かれた顔の部分から，C. N. が，自身の外観や，情緒刺激への反応や，他人との交流能力について緊張していることに注目した。"現実の"今-ここでの世界にかかわると，彼は過敏になり警戒感を抱くのである。大きすぎる鼻は過度の自己主張による補償を，そして濃く描かれた歯は微笑の背後にある攻撃性を伝える。やや大きめの頭は，C. N. が行動よりも知性により多く価値をおいているが，その重要度は，女性の自己対象にとってよりも彼自身にとっては，はるかに小さいと感じている。

　街路灯のうしろに腕が一部分隠れているのは，環境とのつながりについての何らかの回避かアンビバレンスを示す。濃く描かれた右手と大きすぎる左手は，統制の不安を示唆し，（過度に大きい鼻と同様）過活動か自己顕示によって補償する傾向をともなう。

　股の辺りの加筆は C. N. の性的関心を，足の重ね描きは自律性についての回避的な不安を示す。

　画像の位置が用紙の左側に偏っているのは，C. N. が初期の自己対象関係への依存的状態から離れられないと感じていることを示す。さらに"光源"（母親？）の方に傾いている姿勢も，自己対象支援の源への C. N. の依存感を意味する。この人物が何を考え感じているかという質問に対する答えは，"見ている人たちに隅の方から手を振っている。誰かが手を振り返してくれないかと思っている。一日中この電柱の傍に立っていたくないし，電柱が今日のただひとりの相手であってほしくない"。これは，自分の依存的立場にまつわる葛藤に彼が気づいていることを証明する。これに加えて，この人物をどう感じているかについては，"かなり良い感じだが素晴らしいというほどでない。もうちょっと積極的になりたいし，電柱を離れて，群衆のなかに入っていきたい"。

　友好的で過敏で優柔不断の無彩色の人物と対照的に，彩色の男性像（色図版 26）は"マッチョな学生"という印象を受ける。この人物に相当する形容詞は，攻撃的，活き活きした，主張的，安定した，有能な，自信たっぷりの，自

由な，（やや）傲慢な，形式張らない，自己中心的な，強い，緊張した，用心深い，であった。

　頭は，身体の他の部分よりも相対的に大きめで，C. N. が知的活動に重きをおいていることを示している。しかしながら，構造的に目立った特徴は，目のサイズと濃い描線と色合いである。質問で明らかになったのは，緑色の目のせいで，C. N. はこの人物像に同一化していることと，この強い色使いを自覚していることだった。実際にこの色は彼の目の色であるが，過剰な色使いは，過度の自己主張，誇大的-顕示的補償行動によって，不確かな自己評価を強めようという願望を指す。これは，やや傲慢で自信たっぷりな人物像の印象と一致する。しかし自己対象の満足の源と情緒的に交流できるかどうかという不安（濃い黒のやや曲がった口）が，この全体的印象をきっぱりと否定し，無彩色像の"微笑んでいるけれども攻撃的な"口に入れ代わる。性的望ましさについての不安もまた髪の濃い色合いによって明らかにされた。

　無彩色と彩色の男性像の対照は，C. N. の態勢を図式化できるように思う。つまり，情緒的交流のより広い範囲で関係する機会を与えられると，もっと若々しくて，苦労がなく，華やかで，より独立的で，個人主義的でありたいという願望をもつが，それに対して，直接的な交流の世界では，より依存的で自信が乏しく，人を喜ばせる姿勢をとる。それにもかかわらず，"はぎ取る"ことができるかもしれない不安と自信のなさや自己批判が，質問への答えに反映している。すなわち，この人物は"後ろのポケットに手を入れて深呼吸しようとしている"，"こんな組み合わせの服を自分に着せた人"のことを考えている，そして"身体と服が合わなくて非常に気持ちがわるい"と感じている。画像の位置が用紙の下の方であることと濃い色の地面がその不安全感を立証する。

　描画の最初の一組の分析を完成するために，C. N. の動物描画に移る。無彩色ではカンガルーを描いた（図9.5）。これは，活動的で，愛情のこもった，油断のない，活き活きとした，親しみやすい，穏やかな，友好的な，親切な，温厚な，平和な，頑丈な，心休まる，温かい，若々しい，という印象であった。これによると，自分から接触をもとめ交流したがっているように見える。

　構造的には，濃く描かれた瞳が，見抜くような過度の警戒をあらわしているが，疑い深い警戒心ではない。この像は接触を求めているが，それにどんな反応が返ってくるかについて用心深いのである。

"普通の"カンガルーよりも明らかに耳が小さく，楽しそうな口の表情が外界との交流に適切な感じをあらわしている。

このように，C. N. は，現在の環境においてよりプリミティヴな自己の側面をあらわすときには，人間像の場合よりも用心深さや緊張の少ない画像を示す。

画像が明らかに大きいことと，胴体と手足の濃い描線を合わせて考えると，C. N. の自己充足感に関する不安へのささやかな過補償を示唆している。しかしながら，この画像はバランスが良く，プリミティヴな感情面と行動面の良い自己-凝集性を示している。接触をもとうとする姿勢は，活動的で断行的な最適の交流の可能性を感じさせる。

カンガルーは，選ばれる動物のタイプとしては，むしろ珍しい。この動物についての連想の範囲は，優柔不断や母性的から喧嘩好きにまでわたるが，このカンガルーは非常に友好的で，攻撃的ではない。その年齢（2歳半）は若い範疇に入り，C. N. がより原初的欲求の文脈のなかで他とかかわるときには，成熟感が減少し，脆弱感が高まることを示唆している。

彩色動物画（色図版27）は猫で，つぎのような形容詞が目立つ。活き活きした，のんきな，孤独な，おとなしい，温厚な，受け身の，内省的な，悲しそうな，恥ずかしがりやの，（やや）ばかげた，従順な，であった。この猫は，がむしゃらで自己中心で"生意気な"漫画のガーフィールドとは逆である。可愛がってもらおうと前に身を乗り出しているが，視線を合わせたり，かかわり合いを直接求めるには恥ずかしがり屋すぎるようである。

顔の各部分の輪郭線が濃いことと，頭が大きく圧倒的な位置を占め

図9.5

ていることは，情緒的レベルでの C. N. の潜在的対人不安を指し示している。C. N. は，より深い情緒的欲求を直接表現できないまま，自分自身を過度に利用しやすく役に立つ人間に仕立てることで補償する傾向がある。胴体と手足の弱い色合いは，環境と接触し，コントロールし，うまくやっていく強さと能力についての自信欠如と躊躇いを証拠立てている。

　自己‐凝集性の感覚は，無彩色の動物画にあらわれているが，彩色画には見られない。C. N. は，プリミティヴな自己対象欲求を体験するとき，コミカルな態度をとることで不満を隠す自分を感じているのであろう。しかし，猫を描いたのは，自分の欲求を正常化したいという感情であり，それにふさわしいやり方で表現している。年齢は5歳で，C. N. が本当の意味で成熟と感じているレベルの年齢に匹敵する。

　それでは，心理療法のはじめに実施した投映描画の一組は，C. N. の自己‐構造と自己対象関係について，われわれに何を語ってくれるのであろうか。

　まず，無彩色描画の特徴である細部への一貫した入念で集中的な注意深さは，C. N. が直接的な自己対象環境にどのようにかかわるかをあらわしている。彼は今‐ここでの"実際の"世界では，承認と称賛を得ようと努力する。無彩色の家は，"あまりにたくさんの"ことをやろうとする人，つまり近づきやすく，親しみやすく，気持ちの通い合う自分をあらわそうとする一方で，それよりも温かい家族関係に専念したい気持ちも強調する人，を明らかにしている。その結果は，コントロールを失う恐れや不安全感や判断の誤りをともなう重責感となり，強迫と顕示性を含む防衛的補償的構造が支配する。

　無彩色の木は，さらに，C. N. が他とかかわることへの不安を過剰な努力で補償することを明らかにする。この恐怖の底にあるのは，差し出すものが何もないという不全感である。敵意‐攻撃的傾向は，環境の限界を超えたいという願望と孤立したい願望の両方をあらわにする。

　C. N. の人生において女性の自己対象が支配的であることは，無彩色の女性像が証明する。彼は，この女性像を，過剰に警戒的で，行動よりも知的活動にはるかに多く関与し，特に性的な潜在力をもっているように描いた。この女性は凝集性を欠いて謎めいており，受動的‐服従的で，同時に自己愛的で衝動的な面をもつ人物として描かれた。

　無彩色の男性像は女性像よりかなり小さく，C. N. には（無彩色の家のよう

に）他と自由に関係したいという願望の一方で，支援の源に受動的に依存したいという感情があることをあらわしている。さらに，防衛的な過敏さと補償的過剰関与と顕示性が見いだされる。

　無彩色の動物画に，よりプリミティヴな C. N. の対象欲求が表現されたときだけ，警戒心のない，もっと率直で傷つきやすい自己像を示した。さらにこのレベルでは，彼は，親しくなるために直接に交流することができるように思われた。

　無彩色と彩色の描画の両方を入手するメリットは，C. N. の二組の絵の比較が示している。

　C. N. が色彩を用いてより広い範囲の情緒的表現にたよると，鉛筆画の強迫的な特徴は，より単純で，より柔らかく，より気軽な画像に取って代わる。彼のパーソナリティのなかに，より退行的で脆弱な，接触することをあまり熱望しない側面を見いだすのである。

　彩色の家は，近づきやすく，親しみやすくあることへの疑念をあらわしている。彼は環境とかかわったり接触したくないように見える。しかしながら，色彩は活き活きとしたバイタリティを伝えている。"現実"のプレッシャーが和らぐと，彼の焦点は，他と関係することよりも内側に向かうようである。

　彩色の木にもこの傾向がある。無彩色の木よりも確かにより優しく，単純で，悲しく-孤独で，非攻撃的で，より平和な感情がある。彼は，外界と関係をつくり自分の地位を保っていくことが不安なのである。

　C. N. は，女性の自己対象を色彩で描くときはリラックスしている。その女性の不安や緊張，拘束，そして性的未熟さを示すが，温和で考え深く，脅迫的でない側面も伝える。彼女は，C. N. が情緒的ニュアンスのとぼしい現在の世界で体験している女性とくらべ，もっと子どもっぽく，あまり知的でなく，謎めいていて，過度に警戒的である。彼は，この人物との関係の葛藤的な側面を，よりあからさまにあらわしている。

　女性像と無彩色男性像の対照で，C. N. は，より誇大的な彩色男性像に自己-イメージをあらわした。この描画は，潜在する誇大的-顕示的憧れを示したいという彼の願望を反映している。しかしながら，このようなあからさまな態度を他の人が受け入れるかどうかという過敏さからの不安を防ぐこともできない。彼はまた，過度に顕示的な補償行動とともに，自己批判と不安全感をあら

第 9 章　印象分析と構造分析によるまとめ　*183*

図 9.6

わすのである。

　より広い範囲の情緒的連続体上で自己のプリミティヴな面をあらわす機会が与えられると，C. N. の彩色動物像は，恥ずかしがりで受け身で悲しく孤独な彼自身の側面を直接示す。そして不適応感と凝集性の欠如にもかかわらず，彼は受容の願望を明かしている。

　治療 1 年後の 2 回目の描画の組み合わせに移ると，無彩色も彩色もともにかなりの変化が見られた。

　無彩色の家屋画（図 9.6）では，印象分析は，最初の家の鉛筆画（図 9.1）にはなかった緩やかさと緊張の欠如が生じてきた。その印象は，（やや）近づきやすい，親しみやすい，（やや）友好的，形式ばらない，人が住んでいるような，控えめな，開放的な，平和な，（やや）温かい，であった。C. N. は，最初の描画の方に労力を注いだが，たくさん描きすぎた。2 番目の家はもっと開放的で，詳細さが少なくなったように感じられる。側壁の巨大な煙突の代わ

りに，ドアがある。これは，C. N. が，家のなかで起こっていることより家への出入りの方に関心が強くなっている感じである。

　正面の壁のドアを構造分析すると，他人をなかに入れることの躊躇いとアンビバレンスを感じる。玄関ポーチは，C. N. が実際に感じたり望んだりしているよりも，もっと入りやすく見えるように描かれており，それはドアに小さく開いている部分があること，基線に繋がっていないことによると思われる。せっかちなスケッチ風に変わった描線が緊張と優柔不断をあらわしている。

　一見したところ，C. N. は側壁のドアに力を入れて描いているように見える。ここは，実際に正面の壁より開放部分がずっと多く，本物らしい感じがある。しかし，基線と接しておらず，通路がない。ドアの二つの窓の位置が，目のように見え，右寄りで，その部分が前傾している。このことはすべて，C. N. が環境に関与するとき，"公の仮面（persona）"を用いるよりもむしろ，自分がいつも有用な人間であると見せかける選り抜きの能力を用いる仕方，と言うことができる。

　窓の表現について，鉛筆の家屋画の1番目と2番目の違いは，次のように解釈する。最初の精密な四つの窓から，つぎは，二つの裸の窓を描いた。二つの窓のサイズは開放感を示すが，装飾がないことはむしろ空虚感を与え，なかで何が起こっているか何も明らかにしない。スケッチ風の描線は外界とのかかわりへの躊躇感をあらわす。反対に側壁の窓は，ウィンドウボックスを強調している。身をかがめたような窓の姿勢は"あなたにあげるものがここにあります"と言っているように見える。濃い描線は，C. N. が他の人びととの関係において，自分を有用な存在にすることに大きな緊張を抱いていることを示唆する。

　地面の線はぞんざいななぐり書きの描線であるが，その一方で基線は弱々しい。家はしっかりとした基礎だが，いくつかの透明視があり（外側のポーチの壁），C. N. の不確実感と不安感があらわれている。

　壁の描線は，左側が比較的頑丈な感じを，右側は優柔不断という混交した感じを与える。また，壁のサイズは左から右に向かって小さくなっている。ドアと窓についての解釈に従うならば，C. N. は将来他との付き合いが大きくなることを考えて，自己-コントロールの不安を増大させているといえる。

　屋根は大きすぎる。これは，C. N. が，治療の始めよりも，内的思考や空想

により多く関心をもつようになったことと一致する。屋根の窓は破線で描かれ，最初の無彩色の家のはっきりした輪郭の窓とはまったく似ていない。さらに，窓には，周囲を注意深く観察している"目"の感じが少なくなり，ぞんざいな"おぼろげな"感じが増している。屋根のやや弱い描線は，最初の家屋画の明確な描線と際立った対照をなしている。自分の内的過程に没頭している間，C. N. は治療の始め頃よりも漠然となり，確かさが少なくなってきたように見える。

煙突と煙は，二つの描画ではっきりとした違いがある。2番目の煙突は屋根にくらべてまったく小さいが，出ている煙は豊かである。C. N. は温かい家族関係にまだ不安をもっているが，もはや関心をまき散らすことで補償することはない。しかしながら，多量の煙は彼が家族内で自己対象の関与をかなり体験していることを示唆する。

注目すべきことは，2番目の無彩色の家の描画に，木と太陽が加わったことである。色図版23のカラフルな木と違い，この木は左側にあって，むしろペニスのように見え，ほとんど家の前に張り出している感じである。その幹は濃く描かれているが，樹冠部は弱々しくスケッチ風である（また樹冠部と屋根にいくらか透明視がある）。太陽は右側にあり，濃く描かれているが貧弱に見える。推測すると，この木は，相互関係はまだ不確定であるが，C. N. の内的思考や空想に入り込んでくる強力な人，つまり治療者を表徴している。またこの太陽は，不安を引き起こし，暖かさを与えてくれない母性の自己対象をあらわしている。

C. N. が渇望している暖かさと安全をもたらす自己対象環境についての質問に，"家族です。子どもたちとペットがこの家に住んでいる。暖かく安泰で安全，快適です"，と答えている。

治療の1年後に，C. N. は，より暖かさを感じさせる家庭と家族を，現時点での自己対象世界に関係づけることができたようである。将来，他の人びととの相互関係が広がることについて，C. N. は，補償的でなくなり，もっと率直に不安や個人的なことをあらわすようになった。

2番目の彩色家屋画（色図版28）を検討すると，そのサイズと実在性が印象的である。その家は，近づきやすく，親しみやすく，引きつけられるような，心地よい，友好的な，美しい風貌の，人が住んでいる，開放的な，まと

まった，平和な，愉快な，安定した，頑丈な，力強い，温かい，良い設計，に見える。それは，ちょうど C.N. の最初の彩色家屋画（色図版23）の成人版のようである。

感情のより広い範囲でかかわる機会を与えられると，C.N. は，前回には示さなかった"率直さ"をあらわす。しかし限定された黒-白のベースでは，まだ難しい。

近づきやすさの感じを強くあらわす一方で，基本的なレベルでは，親しみやすさや交流については慎重である（通路がなく，下の窓は裸で灌木に守られている）。2階の窓の大きさの違いは，他人ともっと十分に関係がもてるようになる前に，まず距離をもち，コントロールしなければならないことを強く感じているように思われる。濃く描かれた赤いフラワーボックスは，熱烈で刺激的に交流することへの不安をあらわしている。

やや濃い途切れた壁の描線は，彼がまだ自己-コントロールの維持に緊張し，自信をもてないでいることを示唆している。左の壁の描線は比較的真っ直ぐだが，右は破線であり（左の窓の広がりに対し，右の窓はつまっていることを組み合わせると），C.N. は，自分の過去を建て直しつつあったものの，将来どうなるかについてコントロールが乏しく，自信がないことを示す。

これと一致する点は，屋根の頑丈さと，左側の描線の滑らかさに対する右側の濃い破線である。

さらに，たくさんの煙が出ているしっかりとした素敵な煉瓦積みの煙突は，彼と彼の重要な自己対象にとって，温かい関係のために諸々の問題を解決してきた C.N. のいわばイメージの完成である。いつもの赤ではなく茶色で煙突を描いたのは，この部分の安全に C.N. の関心が高まったからであろう。

右に離れた濃い色の太陽は，将来における母親との問題を予告している。左側の比較的小さい木は，"現実"の世界では治療者が大きくそびえ立っていたが，その重要性が弱く，侵入的でなくなり，C.N. の感情的な自己-状態への関与には，もっと控えめになってきたことを示す。

質問に対する C.N. の答えは，この家には"ひとりの男性とその妻とその子どもたちが"住んでいて，"非常に居心地がよく，安全で温かさのためにはちょうどよい大きさ"と述べている。これは，彼が重要な係累に対する責任を負い，平和と安全を見いだす能力が，気持ちの上で大きくなったことを指摘す

る。この1年の間にC.N.はガールフレンドとの関係を固め，結婚し，子どもの誕生を待っている。

　2番目の無彩色樹木画（図9.7）と1番目（図9.2）をくらべたとき，どんな対照を見いだすだろうか。2番目の樹木画は急いで軽率に，そして最初の画は注意深く複雑に，描かれた印象がある。第2の木は生きているかもしれないし，死んでいるかもしれない。素っ気なく，つめたく，陰気で，奇妙で，対称的である。もし，てっぺんを人間の身体の頭と見ると，内部の模様は"悲しそうな目"の感じを与える。

図9.7

　構造的に，樹冠部分は相対的に大きく，C.N.が過大な時間を使わなければならない目下継続中の問題と，"現実"世界との交流の努力をあらわしている。輪郭を描くときの特定のパターンと全体的に弱い描線（一番上の部分を除いて）は，1年の治療コースを終えた彼が，過剰関与のコンプレックスから開放され，もっと世間並みの，基本的には今までと違った種類の交流の必要を感じていることを意味する。上部の濃い描線は，思考や感情に関係する領域では，抑制的で強い緊張を感じている印象を与える。

　内側の部分の"V字"のような形は，下に向かってペニス様の"U"になっている。これは，C.N.が夫として父としての新しい地位を与えられ，内心では，自分の性的能力に関して"男らしく行動する"必要に関心を集中していることを推測させる。

　幹の右側に入り込んだ線となぐり書きは，この先待ち受けていることに対しての自分の強さへの不安を示している。

　根と接地線がないのは，現時点の世界に着地することに関する自信のなさと，内的自己との結びつきの欠如を意味している。

　この木についてC.N.は，15歳で，生きており，冬の季節である，と述べており，成熟感の低さと味気ない感じを証明している。

　この陰気な自己像と第2の彩色の木（色図版29）による自己像を比較して

みると，感情表現のチャンスを与えられると C.N. がいかに生命力に満ちた反応をするか，驚かされる。第2の無彩色の木や第1の彩色の木（色図版24）とくらべてみても，この木は活き活きとして，親しみやすく，若々しく，陽気で，カラフルで，健康的で，感じがよく，元気で，健全な，という印象を与える。けれども彩色の家屋画（色図版28）のように，感情的に自分を表現する能力によってより活き活きした印象を与えられるが，構造分析的には取り組む必要のある問題があらわれる。

樹冠部は左側がやや濃く描かれているが，これは C.N. が過去を遮りたいと感じていることをあらわす。左側の"ごちゃごちゃ"した感じは，右側ではもっと疎らな感じになっている。これは環境との交流が，過活動からもっと自由な広がりに変わったことを示唆する。

木の実の濃い赤は，喜びや興奮の状況において過剰反応することへの不安を意味する。

幹の軽い描線は，木の実のついている部分を支えるために，自己内部に強さを発見する能力（樹冠部のなかで上にあがっていく2本の枝は実行の印象を与える）への自信の乏しさを示唆する。内部のなぐり書きの線も内的不安の意味を強める。さらに下の方から広がって樹冠部につながる幹は，適応性に関する潜在的不安を，能力の誇張によって補償しようする C.N. の傾向が加わることを示している。

この木はいくらかの安定感をあらわしているが，最初の彩色の木より地面に相当するものがずっと少ない。C.N. が安定感を見限ったのは，自由な開放感を手に入れたからであろう。

根を描かなかったのは，C.N. が自己のより深い問題に注意を向けていないことを意味するが，最初の描画に見られた"障害物〔根元の草〕"も，太陽もない。このことは，自己-状態について C.N. の不安の陰がうすくなり，治療の始めにくらべて，より明確で活き活きとした自己感覚を感じているしるしである。質問に対し，この木は"30歳で，非常に活き活きと葉が繁っており，春か夏"と答え，この解釈を証拠づけている。

C.N. の人物画については，2回目は，男性像〔前回は女性像〕を最初に描いた（図9.8）。この画像はまた，2回目の無彩色の女性像（図9.9）よりもわずかに背が高い。これは，1年の間に C.N. が男性としてのステイタスを勝

ち取った大きな自信と，女性に対して適切な自己主張ができるようになったことを証明するように思われる。

　図9.8は，活き活きとした，油断のない，穏やかな，友好的な，理知的な，愉快な，考え深そうな，（やや）弱そうな，という印象を与える。彼は，むしろ優しそうに，しかしやや緊張した感じで何かを見つめている。

　構造的には，頭は身体よりも相対的に大きく，C. N.が行動よりも知性に重きをおいていることをあらわす。最初の無彩色の男性像にくらべると相対的には適当な顔の描線は，情緒的刺激に対する緊張がずっと少なくなった印象を与える。しかしながら目は実に大きく，環境への意識過剰がつづいていることを示すが，前回ほどの緊張はない。耳は小さいが，しっかりと見えるよう強く描かれている。C. N.は，話されていることにはあまり関心がなく，むしろ彼が聞いていることを相手が知っているかどうかを確認したいようである。口は強調されて，情緒的交流にいくらか緊張していることを示唆するが，かすかに微笑んだような表情は，前回の歯をむきだしたにやにや笑いよりもはるかにリラックスしている。これは，彼が"過剰に友好的"になることで不安を過補償することがなくなった感じである。

　首を濃く色づけ，思考と行動の調整についての不安を示唆したが，首の適度なサイズは，基本的にはこのようなコントロールができると感じていることを意味する。

　人物像の右側（描画では左側）は，明らかに左側と違う。右肩は左よりはっきりしており，右腕が左より太く，筆圧が強い。また右腕には消しゴムで消した跡がある。これは，C. N.の将来への不安の反映であり，責任を

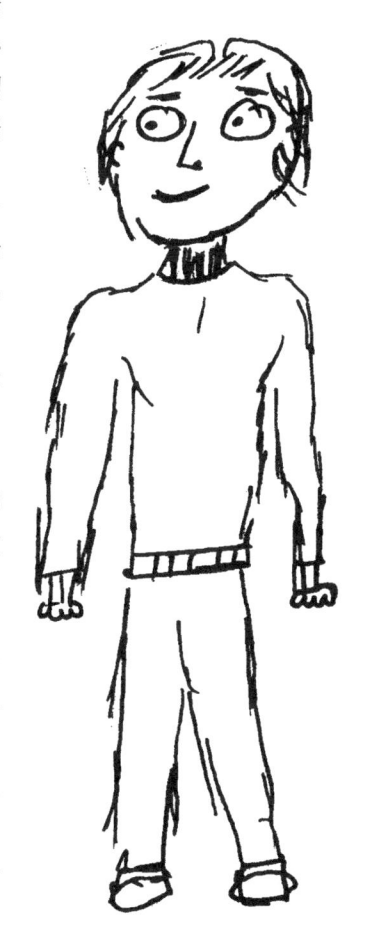

図9.8

負い環境と有意義に交流する能力についてのアンビバレントの結果である。ここには，自信の乏しさと弱小感によって相殺された適応感がある。両側の加筆されたちっぽけな手はコントロールの不能感と抑制された自己-体験をあらわしている。

大きすぎる胴体（脚にくらべて）は，"細くなるくらい身体をのばす（身を削るほど全力を尽くす）"，つまり"仕事を引き受けすぎる"ことで，強さの欠如感を過補償することを指摘している。

性器の辺りの弱々しい描線と組み合わせて考えると，加筆されたベルトは性的能力についての自信のなさと緊張を示唆する。

小さな腰と短い脚は世の中で自信をもってやっていくことの不全感と受動性を示す。

加筆された足は，自律の可能性についての緊張感をあらわしている。

現時点の世界で，C. N. は凝集性と強いバランス感覚を欠如しているようである。画像に関する質問への答えは，"考えている，そして熟考している"。彼は"動きだす"ための自分の能力について熟考できるのだろうか。それともこのまま動かないのだろうか。C. N. は，意識的にこの人物が"自分のアイデアや考えに非常に満足している"と述べている。そのうえ，"光源"への依存を避けていた前回の接触への過敏さと欲求とは対照的に，自己の強調のほうにより集中している。これは描画を最初に丹念に吟味した結果の肯定的な第一印象と関係がある。

C. N. の 2 番目の彩色男性像（色図版 30）は，前年の彩色男性像（色図版 26）とは，まったくの対照をなしている。"ミスター・マッチョ"は，今回は，受け身の，友好的な，少年っぽい若い男性である。彼の印象は，機敏で，親しみやすい，ばらばらの，幸せそうな，（やや）不十分な，（やや）堅苦しい。彼は何かに非常に興味をもっているのだが，それに対して動くことができるのかどうか何の兆候も見せずに，ただ頑固に居すわっているように感じられる。

情緒的に大きい自由を与えると，C. N. は，部分を包み込む輪郭線でなく，もっと様式化した頭を描いた。これは，環境との関係において紋切り型の境界線をこえる，さらに大きい自由への願望と恐れとの両方を指す。頭の相対的な大きさは，行動よりも思考や空想へのより大きい関与を指している。濃く塗ら

第9章　印象分析と構造分析によるまとめ　*191*

れた円形の目は，治療初期の描画の過剰な警戒心とは反対に，ひたむきに目的を追う緊張感を示す。

　耳がないことと合わせて考えると，この目は，C.N. が自分を率直にあらわすことに自由を感じている自身への焦点を指している。

　首は，胴体にはついているが，頭にはついていない。これは衝動的行動をコントロールする知的資源をうまく利用できない感じを示す。頭の輪郭の欠如は，C.N. が以前には抑圧されていた空想を，今は体験していることを示唆する。そして，それを行動化しないために，この人物に硬さと頑固な不動性を課したと見なされる。

図 9.9

　短い腕，ちっぽけな手，そして比較的短く動かない脚と小さい足はすべて，世界と接触し，コントロールし，操作する能力が制限されていることを意味する。足が用紙の下に触れており，地線が強調されているのは，この時点での C.N. の不安全感と支援の欲求を示している。しかしながら，しっかりとした胴体は，C.N. の基本的内的強さの感覚の指標である。一方，比較的抑えた色彩は，強さをあらわすことについての不確実感を実証している。

　質問に対する C.N. の答えは，こうした強迫観念に心を奪われているのとは矛盾する（"公園で人びとを見ている。何と素晴らしい日だろうと思っている。気分がいい"）。しかし，画像の年齢は 21 歳で成熟感は少なく，退行傾向を立証する。

　第2の無彩色女性像（図 9.9）は，老婦人のような服を着た少女に見える。

この印象は，以下の形容詞によって増大する。すなわち，機敏な，友好的な，受け身の，単純な。彼女は，突き刺すような視線と謎めいた微笑と加筆された手をもつ最初の無彩色の女性像（図9.3）とは，著しい対照を示して立っている。

　構造的には，頭のまるい輪郭線は，前年と違って，C. N. が女性のなかの思考したり外界に反応する部分について，単純化していることを示唆する。身体の他の部分とは対照的に濃い頭の描線は，この人物がどのように行動するかよりも，どのように考えているかに関心があることを示唆する。C. N. は，この女性を表現するのに感情的印象を厳しく制限した。彼女は微笑んでいるが，口が濃く加筆されているのは，他との交流についての不安を示す。髪の毛は，性的考えや空想，あるいは他に対して魅力的であろうとする関心を実際には示していない。

　身体は，責任や，環境と接触し操作する能力を最小に描いている。対照的に，大きい足は自律する能力を過補償している人の感じを与えている。

　C. N. はこの人物に関する質問に，11歳で"ベッドに入ろうとして，お休みなさいと言っている。家にいて安全と幸せを感じている"と答えた。この叙述は，家庭の安全に向けて外界から立ち去っていくことを強調している。

　全体の感じは，C. N. が女性の自己対象についての体験を，積極的で用心深い目的達成者から，受け身で内向的な人物へと変えたことである。彼は，彼女が何を考えているかに関心はあるが，現実の世界では，性的でもなく積極的でもない彼女に満足しているように見える。これらすべては，未来の母となる妻への C. N. の関心，その役割に対する彼女の適応性，そして彼女と赤ん坊の両方を援助したいという彼の欲求と一致する。

　第2の彩色の女性像（色図版31）も少女が描かれた。2番目の無彩色と彩色女性像は，治療の最初の描画よりも一致している。けれども，情緒的自由を多く与えると，C. N. はこの少女を，外界に対してより開放的な存在として描いた。しかし，彼女は仮面のような外観をしている。腕を開いたポーズを見て心に浮かぶ形容詞は，親しみやすい，友好的，信頼感のある，温かい，である。しかし紋切り型の表情を考えると，これらはすべて疑わしくなる。このポーズは"わたしはここよ。抱いて！"と言っているようであるが，顔は謎のようである。

顔の表情は，無彩色画と同様，構造的には，他との交流についての抑制と不安があらわれている。しかし，髪と頭の調和は，彼女がもう性的なことを理解していることを示す。大きめの加筆された顎は，この像の自己主張が強すぎることへの関心を指す。C. N. が自分の感情を外に出すことができるときは，受動性の過補償つまり自己主張に対しての潜在的恐れがあらわれるのである。

図 9.10

首がないのは彼女の潜在的衝動性のしるしであるが，短い腕，小さな手，ぴったりくっついた脚，すべてが，行動化の可能性は最小であることを示している。青の着色は，穏やかさと平和の感覚をあらわし，環境に対する活発で攻撃的な接近とは一致しない。

このように，より広い情緒的領域を与えると，C. N. は女性の自己対象の特徴について，敏感で，予測できず，謎めいているという彼の体験を表現するようである。彼は彼女の衝動性を恐れているが，行動化の可能性は制限されているとみなしている。質問に対する答え（"彼女は 6 歳で，ハローと言っている。人の前に立っているのは何て素敵なのだろうと考えている。彼女は非常に幸せである"）は，未熟で外向的な彼女の認知を確証する。

第 2 回目の動物画からは何を見つけ出せるだろう。彩色の猫 "ガーフィールド?"（色図版 27）は，無彩色（図 9.10）となったが，ここではマットの上に気持ち良さそうに丸くなっている。印象は平和な安らぎである。印象的構造的ともに，その感覚は，最初の無彩色の動物描画（図 9.5）に反映されたように，接触のために他人に手を伸ばす必要が少ないか，あるいは臆病であるような（最初の彩色画のように），自己構造のよりプリミティヴな面における C. N. のくつろぎの感情をあらわしている。

しかし濃く描かれた線は，C. N. が，この満足しているように見える画像でも完全にくつろいでおらず，意識的にその感情を強めているにすぎないことを示唆している。

2 番目の彩色の動物画としては，オウムのような鳥を描いたが，鉛筆画の猫にくらべるとむしろ陰気な表現である（色図版 32）。より広い範囲の感情的表

現のチャンスを与えられると，C. N. は人間像で示したと同じパターン，つまり感情的に自由に環境と交流したい願望が，拘束感によって妨害され，釘付けにされていたことをあらわす。ここではカラフルな異国風の鳥がとまり木にとまっている。鳥はむっつりとしているように見え，濃く描かれた目は，関係することへの不安を暗示し，防衛的回避と引きこもりの感情をあらわしている。濃い赤色の尾は，激しさや興奮や実行，とりわけプリミティヴな性的衝動欲求を表現することへの不安感情を示す。

C. N. は，鳥に2歳という年齢を与えた。猫の9歳とは対照的に，これは彼が潜在的にプリミティヴな感情を色彩によって体験すると，成熟感が減少することを示唆する。鳥の大きなサイズは，C. N. がこれらの感情を投入している程度を示す。

C. N. の投映描画の2組は，彼自身や彼の自己対象が世界をどのように体験しているかについて，現在つまり黒-白を基礎にして反応する場合からより広い範囲で感情的表現を与えられた場合までの経過を明らかにした。

治療を始めたとき，描画の5組の各々は同じパターンを示していた。すなわち，無彩色描画は詳細で強烈であり，一方，彩色描画はより単純で，よりソフトであった。治療1年後では，そのパターンは大きく逆転した。C. N. は，それほど厳密に防衛的に目前の世界を扱う必要がなくなったようであった。しかし情緒的に表現の自由が多く与えられると，外向と内向両方の傾向がもっと明らかになった。

五つの異なる描画を入手するメリットは，その各々の絵が患者のパーソナリティ構造の理解に何を与えてくれるか，そして生活体験や心理療法に起こりうる効果は何であるかに示されている。後者は，C. N. の自己-主張潜在力，特に彼の人生における重要な女性の自己対象に対する肯定的な感情と否定的な感情をともに表現する鏡映体験を与えることに集中した。

家族と環境両方の自己対象環境への個人的結びつきをあらわす家屋画では，C. N. が家庭のなかの暖かさをより多く体験するような変化があらわれ，他との交流を補償的に熱望することが減るにつれて，それだけ将来の交流への不安が増大することを示した。

樹木画は自己-構造についての包括的なイメージを明らかにするが，情緒的に彼を消耗させた外向的交流の試みへの非常な努力から撤退することによっ

て，より表面的なかかわりではあるがもっと活き活きとした楽しい情緒的体験に戻ったことをあらわしている。

　男性像と女性像は，自己と自己対象両方の概念に関係があるが，とりわけ女性の自己対象の自己主張と自立感情についての大きな変化が明らかにされた。C. N. は，環境との交流とコントロールと操作についての自信のなさを，より自由にあらわすようになった。そして過度の警戒心や不全感のための過補償はかなり減った。彼はまた，女性に対する巨大で脅迫的，あるいは夢見がちというような歪んだ人間観を，社会的に機能する能力の少ない，保護を必要とする無性的な子どもという考え方に変えた。

　動物描画にはプリミティヴな欲求や感情の表現がふくまれるが，C. N. は自己と自己対象満足に対するあからさまな訴えから，もっと内向きの意識的内容へと変化する画像を完成したが，挫折した欲求を自覚し，感情的に苦しんでいることを示した。

　前述したように，C. N. には，この1年間に人生における非常に大きな変遷があり，ガールフレンドとの混乱した不安定な関係から結婚を確約するまでになった。描画は，より自己-内省的な態勢への変化や人生の主要な変化に内在する不安をあらわにした。しかし，この不安は，眼前の自己対象の欲求充足の達成についてよりも，自身の前途にいかに対処するかにあった。

後　記

　本書の目的は，自己-構造と自己-自己対象関係における変化を明らかにすることによって，治療過程を解明するために選ばれた投映描画法のわかりやすい手引き書を，臨床家に供することにある。私は，共感的に得られた説明や症例の見本が，投映描画法の解釈と心理療法における自己心理学理論の利用を促進するであろうことを期待している。

付録A
描画の教示と実施法

☐ 検査者のための使用説明

　投映描画法を実施する場合，検査者はつぎのような方法を用います。

　鉛筆１本と用紙を被検者の前におきます（用紙は，８１/２×１１インチ〔日本ではＡ４判〕白色で，縦長に向けて提示します。被検者がその用紙の方向をどのように変えてもかまいません。鉛筆は２Ｂの柔らかい芯。消しゴム）。

　そして次のように言います。
　『絵を何枚か描いていただきます。これは絵の才能を調べるものではないので，上手下手は気にしないでください。あわてずに，一生懸命やってくだされ
ばいいのです。最初は一軒の家を描いてください。どんな家でも結構です』

　もし被検者が，用紙を回転してよいかとか，用紙の全体を使うのか，どの部分を使うのか，別のものを加えてもよいかなどと質問したら，『お好きなように』とだけ，あるいはそれと似た表現で答えます。あとにつづく描画でも，すべてこのようにすること。
　被検者がテストの目的をたずねたなら，『性格を知るために専門家が使う方法の一つです』と答えなさい。

　線を引くとき，被検者が定規や直線の物の縁を利用しないようにしてください。検査中の被検者の言動は目につかないように記録すること。

被検者が描き終わったらすぐに絵を引きあげますが，もし本人が望んだなら，その場での加筆・訂正を許可し，そのことをメモしておきます。その場合，一枚の絵につき制限時間は最大5分間。

家屋画が完成したならば，つぎに別の用紙を出して，
『今度は一本の木を描いてほしいのです。どんな木でもかまいません』と言います。そして，この後の描画すべてについても，ゆっくりやってよいことと，ベストを尽くすようにつけ加えます。

次に『ひとりの人間の頭から足までの全身像』を描いてほしいと言います。
スティック・フィギアー（記号人間）や頭だけの絵は描かせないようにします。ただ，"部分的"な人間，たとえば頭と胴体上部の上半身像，あるいは脚のない人間などはよいことにします。

つづいて『今度はいま描いたのと反対の性のひとりの人物の頭から足までの全身を描いてください』と言います（男性を最初に描いたなら，『今度は女性を』と具体的に説明して，混乱しないようにします）。

次は，動物像，すなわち『一匹の動物の全体』を描くように求めます。

動物像が完成したら，鉛筆と絵を引き上げ，クレヨン（8本のクレヨン）の入った箱を与えて，『今度はクレヨンだけを使った家・木・人・動物を順番に描いてください。前と同じ絵でも似たような絵でも，違った絵でも，あなたの好きなように。クレヨンは，多くても少なくても，好きなように使ってください』と言います。

そして，鉛筆画のときとまったく同じように実施します。

クレヨン画が終了したら，『では，あなたの絵について，いくつかの質問に答えていただきます』。そして最初の家屋画を示し，『この家には誰が住んでいますか』。答えは逐語的に記録します。その家のなかには私（被検者）ひとり，

あるいは誰かひとりの人しか住んでいない，という答えに対しては，『他に誰か住んでいませんか』と確認します。もし被検者が質問の本来の意味を理解しにくいようならば，次のように説明します。たとえば『もしこの家が本物の家だとすると，誰が住んでいるのでしょうか』のように。そのあと『この家はあなたにどんな感じを与えますか』（あるいは，『この家からどんな感じを受けますか。温かいか冷たいか，心地よいかそうでないか，など』）。被検者の答えと自発的なコメントは，どんなものでも記録し，その後の描画すべてにそのようにします。

木に対しては『この木は何歳くらいですか』と質問します。"若い木"，"古い木"という答えよりもなるべく，木の年齢を数字で言わせるようにしますが，どんな答えでもよいことにします。次に『それは生きていますか，死んでいますか』，そして『一年のうちのどんな季節でしょうか』と尋ねます。

最初の人物画に対して『この人物画を描いたとき，誰か思い浮かんだ人はいましたか』，あるいは『この人物はあなたに誰かを思い出させましたか』と質問します。もし人物像の性別がなければそれも尋ねます。そのあと『この人物は何歳ですか』，『この人は何をしているのでしょうか』，『この人は何を考えているのでしょう』，『この人はどんな気分でいるのでしょう』の順序で質問します。

第二の人物像に対しても同じ手続きに従います。

動物像については，『どんな種類の動物ですか』と尋ねます。
ついで『何歳ですか』と聞きます。

以上，計10枚の描画全部にこのような質疑応答をくりかえします。もし被検者が鉛筆画とクレヨン画に同じものを描き，答えも同じであったら，その答えを大きな声で読み上げ，確認します。追加や変更はどんなものでも記録します。

実施と質問のあと，被検者の名前，生年月日，検査日，ページ数（各セット1から5まで）の記入を忘れないように。

☐ 自分で実施するための使用説明

（投映描画法を被検者本人が自分で実施することは最適な方法でないかもしれません。しかし明らかに限界があるにもかかわらず，患者やテストの依頼人にとっては，テスト過程を直接観察していなかったための損失よりも，被検者が自分で実施したデータの価値の方がより重いのです。）

2Bの柔らかい芯の鉛筆と，8色のクレヨンの箱，白いＡ4判の紙10枚，消しゴムと，教示を印刷した紙を被検者に与えます。

☐ 教示

1) 気を散らさずにひとりで作業ができる静かな場所をみつけてください。あなたの絵を他の誰にも見せてはいけません。

2) モデル，たとえば部屋のなかの絵や物を真似してはいけません。あなたの想像力で描いてください。

3) 鉛筆画には用意した鉛筆を，クレヨン画には箱のクレヨンを使ってください。一枚の紙に一つの絵を描いてください。もし最初から描き直したかったら，用紙の裏側を使ってください。定規や何か物の直線の縁を利用してはいけません。

4) これは，あなたの絵の能力をテストするのではありません。上手下手を気にすることはありません。ベストをつくすようにしてください。あわてないで，しかしどの絵にもあまり時間をかけすぎないでください。全部の描画を一回通しで済ませてください。変更や追加は描いている間にするようにし，終わった後で変更や手直しをしてはいけません。

5) まず最初に，一軒の家を描いてください。どんな家でもかまいません。好きなように，用紙の方向を変えても，消しゴムで消しても，何を加えて

もかまいません。
6) 新しい別の用紙をとってください。一本の木を描いてください。どんな木でもかまいません。
7) また別の新しい紙をとってください。人間をひとり，頭から足までの人間全体を描いてください。記号のような人間はいけません。
8) 新しい紙をとってください。いま描いたのと反対の性の人間全体を描いてください。
9) 新しい紙をとってください。今度は動物を一匹，動物全体を描いてください。どんな動物でもかまいません。
10) 鉛筆と鉛筆で描いた絵を片付け，今度はクレヨンだけを使って家・木・人・動物を前と同じように繰り返して描いてください。一枚の紙に一つの絵です。鉛筆のときの絵とまったく同じでも，やや似たものでも，あるいはまったく違っていてもかまいません。ただ鉛筆画を模写してはいけません。鉛筆はまったく使わないでください。使うクレヨンの数は多くても少なくても，好きなように使ってかまいせん。
11) 鉛筆画とクレヨン画の両方が終わったら，次の質問に答えてください（10枚の絵の裏にそれぞれ答えを書いてください）。

ここで完成した絵に戻って，各々をもう一度見直し，以下の質問に答え，必要な説明を記入します。

□ 質問

家：
1) この家には誰が住んでいますか？（あるいは，もしこれが実際の家だとしたら誰が住んでいるかもしれませんか？）
2) この家からどんな感じを受けますか？，たとえば温かいか冷たいか，心地よさそうかそうでないか，など（あるいは，この家はあなたにどんな感じを与えますか？）

木：
1）この木は何歳ですか？（数字で答えてください）
2）この木は生きていますか，死んでいますか？
3）この絵の季節はいつでしょう？

最初に描いた人物：
1）この人を描いたとき誰かが心に浮かびましたか，あるいは，この人はあなたに誰かを思い出させましたか？
2）この人の性別は何でしょう？
3）この人は何歳でしょう？（数字で答えてください）
4）この人は何をしているのでしょう？
5）この人は何を考えているのでしょう？
6）この人はどのように感じているのでしょう？

2番目の人物：
最初の人物のための1から6までの質問にくりかえし答えてください。

動物：
1）これはどんな種類の動物ですか？
2）これは何歳ですか？（数字で答えてください）

付録B
形容詞一覧表

☐ 家屋画

近づきやすい（ACCESSIBLE）
活き活きとした（ALIVE）
親しみやすい（APPROACHABLE）
芸術的な（ARTISTIC）
引きつけられるような（ATTRACTIVE）
厳粛な（AUSTERE）
不毛の（BARREN）
風変わりな（BIZZARE）
チャーミングな（CHARMING）
陽気な（CHEERFUL）
閉鎖された（CLOSED-OFF）
子どもっぽい（CHILDISH）
冷たい（COLD）
カラフルな（COLORFUL）
心地よい（COMFORTABLE）
強迫的な（COMPULSIVE）
混乱させるような（CONFUSING）
保守的な（CONSERVATIVE）
因習的な（CONVENTIONAL）
こぢんまりとした（COZY）

狭苦しい（CRAMPED）
創造的な（CREATIVE）
粗雑な（CRUDE）
キュートな（CUTE）
死んだような（DEAD）
装飾的な（DECORATIVE）
憂うつな（DEPRESSING）
細部にわたる（DETAILED）
特異な（DIFFERENT）
堂々とした（DIGNIFIED）
荒れはてた（DILAPIDATED）
歪んだ（DISTORED）
鈍い（DULL）
入念な（ELABORATE）
空虚な（EMPTY）
顕示的（EXHIBITIONISTIC）
発展的（EXPANSIVE）
途方もない（FABULOUS）
女性的な（FEMININE）
型通りの（FORMAL）
友好的な（FRIENDLY）

ぞっとするような（FRIGHTENING）
こうるさい（FUSSY）
陰気な（GLOOMY）
防護されている（GUARDED）
幸せな（HAPPY）
敵意ある（HOSTILE）
想像力に富む（IMAGINATIVE）
清浄な（IMMACULATE）
寄りつきにくい（INACCESSIBLE）
形式ばらない（INFORMAL）
創意に富む（INVENTIVE）
人が住んでいるような（LIVED-IN）
男性的（MASCULINE）
穏健な（MODERATE）
控えめな（MODEST）
自然の（NATURAL）
新しい（NEW）
変わった（ODD）
古びた（OLD）
開放的な（OPEN）
普通の（ORDINARY）
まとまった（ORGANISED）
独自の（ORIGINAL）
けばけばしい（OSTENTATIOUS）
威圧的な（OVER-POWERING）
平和な（PEACEFUL）
特異な（PECULIAR）
愉快な（PLEASANT）
貧しい（POOR）
実際的（PRACTICAL）
正確な（PRECISE）

可愛らしい（PRETTY）
原始的な（PRIMITIVE）
奇妙な（QUEER）
がたがたの（RAMSHACKLE）
関係のある（RELATED）
遠く離れた（REMOTE）
悲しそうな（SAD）
こわい（SCARY）
厳しい（SEVERE）
単純な（SIMPLY）
貧弱な（SKIMPY）
だらしのない（SLIPSHOD）
スノブな（SNOBBISH）
社交的な（SOCIABLE）
頑丈な（SOLID）
洗練された（SOPHISTICATED）
幽霊の出そうな（SPOOKY）
安定した（STABLE）
壮麗な（STATELY）
つまらない（STERILE）
異様な（STRANGE）
力強い（STRONG）
逞しい（STURDY）
飾らない（UNAFFECTED）
よそよそしい（UNAPROACHABLE）
でしゃばらない（UNASSUMING）
型にはまらない（UNCONVENTION-AL）
非友好的な（UNFRIENDLY）
無人の（UNINHABITED）
非写実的な（UNREALISTIC）

不安定な（UNSTABLE）
並外れの（UNUSUAL）
温かい（WARM）
弱々しい（WEAK）
裕福そうな（WEALTHY）

良い設計の（WELLPLANNED）
健康そうな（WHOLESOME）
不可思議な（WEIRD）
使い古した（WORN-BORN）
おどけた（ZANY）

□ 樹木画

攻撃的な（AGGRESSIVE）
活き活きとした（ALIVE）
超然とした（ALOOF）
怒った（ANGRY）
親しみやすい（APPROACHABLE）
自己主張的（ASSERTIVE）
人工的な（ARTIFICIAL）
下手な（AWKWARD）
釣り合いのとれた（BALANCED）
不毛の（BARREN）
美しい（BEAUTIFUL）
若々しい（BLOOMING）
ごちゃごちゃした（BUSY）
チャーミングな（CHARMING）
冷たい（COLD）
カラフルな（COLORFUL）
混乱している（CONFUSING）
収縮的な（CONSTRICTED）
因習的な（CONVENTIONAL）
切断したような（CUT-OFF）
死んだような（DEAD）
細かい（DETAILED）

歪んだ（DISTORED）
特異な（DIFFERENT）
離れた（DISTANT）
支配的な（DOMINATING）
死にかかっている（DYING）
入念な（ELABORATE）
広がりのある（EXPANSIVE）
女性的な（FEMININE）
断片的な（FRAGMENTED）
ぞっとするような（FRIGHTENING）
優しい（GENTLE）
健康な（HEALTHY）
敵意ある（HOSTILE）
想像力に富む（IMAGINATIVE）
未熟な（IMMATURE）
気をそそる（INVITING）
孤立した（ISOLATED）
元気のよい（LIVELY）
孤独の（LONELY）
壮大な（MAGNIFICENT）
男性的な（MASCULINE）
成熟した（MATURE）

控えめの（MODEST）
自然の（NATURAL）
変わった（ODD）
古い（OLD）
普通の（ORDINARY）
独自の（ORIGINAL）
溢れるほどの（OVERFLOWING）
圧倒的な（OVERPOWERING）
感傷的な（PATHETIC）
平和な（PEACEFUL）
特異な（PECULIAR）
愉快な（PLEASANT）
力強い（POWERFUL）
正確な（PRECISE）
保護的な（PROTECTIVE）
奇妙な（QUEER）
現実的な（REALISTIC）
頼もしい（RELIABLE）
世代の隔たった（REMOVED）
悲しそうな（SAD）
おそろしい（SCARY）
避難所のような（SHELTERING）

病気にかかった（SICK）
単純な（SIMPLE）
頑丈な（SOLID）
疎らな（SPARSE）
殺風景な（STARK）
強い（STRONG）
左右対称の（SYMMETRICAL）
疲れた（TIRED）
強靭な（TOUGH）
でしゃばらない（UNASSUMING）
型にはまらない（UNCONVENTION-AL）
未発達の（UNDEVELOPED）
非写実的な（UNREALISTIC）
ぐらついた（UNSTEADY）
並外れた（UNUSUAL）
弱々しい（WEAK）
健全な（WHOLESOME）
不可思議な（WEIRD）
野性の（WILD）
内気な（WITHDRAWN）
若い（YOUNG）

☐ 男性像／女性像

活発な（ACTIVE）
活き活きした（ALIVE）
こわがって（AFRAID）
攻撃的な（AGGRESSIVE）
機敏な（ALERT）

怒った（ANGRY）
心配そうな（ANXIOUS）
親しみやすい（APPROCHIABLE）
自己主張的な（ASSERTIVE）
安定した（ASSURED）

引きつけられるような（ATTRACTIVE）
不器用な（AWKWARD）
美しい（BEAUTIFUL）
風変わりな（BIZZAR）
穏やかな（CALM）
有能な（CAPABLE）
思いやりのある（CARING）
封鎖された（CLOSED-OFF）
道化じみた（CLOWNISH）
粗雑な（COARSE）
冷たい（COLD）
複雑な（COMPLICATED）
自惚れの強い（CONCEITED）
自信たっぷりの（CONFIDENT）
当惑した（CONFUSED）
拘束された（CONSTRICTED）
とてもおかしな（CRAZY）
創造的な（CREATIVE）
残酷な（CRUEL）
危険な（DANGEROUS）
依存的な（DEPENDENT）
元気のない（DEPRESSED）
堂々とした（DIGNIFIED）
歪んだ（DISTORED）
夢のような（DREAMY）
鈍い（DULL）
死にかかっている（DYING）
男らしくない（EFFEMINATE）
幻想的な（FANTASTIC）
女性的な（FEMININE）

いちゃついた（FLIRTATIOUS）
型通りの（FORMAL）
ばらばらの（FRAGMENTED）
自由な（FREE）
友好的な（FRIENDLY）
ぞっとするような（FRIGHTENING）
うわついた（FRIVOLOUS）
美貌の（GOOD-LOOKING）
グロテスクな（GROTESQUE）
幸せな（HAPPY）
傲慢な（HAUGHTY）
健康的な（HEALTHY）
未熟な（IMMATURE）
衝動的な（IMPULSIVE）
不十分な（INADEQUATE）
自立的な（INDEPENDENT）
無関心な（INDIFFERENT）
形式ばらない（INFORMAL）
理知的な（INTELLIGENT）
入り組んだ（INVOLVED）
親切な（KIND）
怠惰な（LAZY）
元気のよい（LIVELY）
孤独な（LONELY）
たるんだ（LOOSE）
声高の（LOUD）
情愛のある（LOVING）
マッチョな（MACHO）
男性的な（MASCULINE）
成熟した（MATURE）
おとなしい（MEEK）

穏やかな（MILD）
穏健な（MODERATE）
きたならしい（NASTY）
正常な（NORMAL）
年取った（OLD）
開放的な（OPEN）
普通の（ORDINARY）
独自の（ORIGINAL）
圧倒的な（OVERPOWERING）
受け身の（PASSIVE）
平和な（PEACEFUL）
愉快な（PLEASANT）
貧しい（POOR）
可愛らしい（PRETTY）
堅苦しい（PRISSY）
上品ぶった（PRUDISH）
保護的な（PROTECTIVE）
平穏な（QUIET）
現実的な（REALISTIC）
あかぬけた（REFINED）
考え深そうな（REFLECTIVE）
くつろいだ（RELAXED）
頑固な（RIGID）
悲しそうな（SAD）
健全な（SANE）
自己中心的（SELF-CENTERED）
生真面目な（SERIOUS）

色っぽい（SEXY）
病気の（SICK）
ばかげた（SILLY）
単純な（SIMPLE）
頑丈な（SOLID）
堅苦しい（STIFF）
強い（STRONG）
強情な（STUBBORN）
愚かな（STUPID）
服従的な（SUBMISSIVE）
疑い深い（SUSPICIOUS）
甘い（SWEET）
緊張した（TENSE）
信頼感のある（TRUSTING）
醜い（UGLY）
想像力のない（UNIMAGINATIVE）
ユニーク（UNIQUE）
脅威的でない（UNTHREATENING）
警戒的（VIGILANT）
温かい（WARM）
用心深い（WATCHFUL）
引っ込み思案の（WITHDRAWN）
裕福な（WEALTHY）
弱々しい（WEAK）
若い（YOUNG）
若々しい（YOUTHFUL）

□ 動物画

活発な（ACTIVE）
愛情のこもった（AFFECTIONATE）
攻撃的な（AGGRESSIVE）
油断のない（ALERT）
活き活きとした（ALIVE）
怒った（ANGRY）
親しみやすい（APPROACHABLE）
断定的な（ASSERTIVE）
美しい（BEAUTIFUL）
風変わりな（BIZZAR）
静かな（CALM）
有能な（CAPABLE）
思いやりのある（CARING）
道化じみた（CLOWNISH）
粗雑な（COARSE）
冷たい（COLD）
拘束された（CONSTRICTED）
自信たっぷりの（CONFIDENT）
臆病な（COWARDLY）
残酷な（CRUEL）
危険な（DANGEROUS）
死んだような（DEAD）
依存的な（DEPENDENT）
元気のない（DEPRESSED）
歪んだ（DISTORED）
鈍い（DULL）
死にかかっている（DYING）

呑気な（EASY-GOING）
幻想的な（FANTASTIC）
おそろしい（FEARFUL）
女性的な（FEMININE）
獰猛な（FEROCIOUS）
断片的な（FRAGMENTED）
自由な（FREE）
友好的な（FRIENDLY）
ぞっとするような（FRIGHTENING）
浮ついた（FRIVOLOUS）
美貌の（GOOD-LOOKING）
グロテスクな（GROTESQUE）
幸せな（HAPPY）
傲慢な（HAUGHTY）
健康的な（HEALTHY）
有益な（HELPFUL）
敵意ある（HOSTILE）
未熟な（IMMATURE）
不十分な（INADEQUATE）
自立的な（INDEPENDENT）
理知的な（INTELLIGENT）
親切な（KIND）
怠惰な（LAZY）
元気のよい（LIVELY）
孤独な（LONLY）
男性的な（MASCULINE）
成熟した（MATURE）

おとなしい（MEEK）
穏やかな（MILD）
穏健な（MODERATE）
汚らしい（NASTY）
自然な（NATURAL）
神経質な（NERVOUS）
正常な（NORMAL）
年取った（OLD）
普通の（ORDINARY）
独自の（ORIGINAL）
圧倒的な（OVERPOWERING）
受け身の（PASSIVE）
平和な（PEACEFUL）
特異な（PECULIAR）
保護的な（PROTECTIVE）
誇り高い（PROUD）
平穏な（QUIET）
現実的な（REALISTIC）
あかぬけた（REFIND）
くつろいだ（RELAXED）
頑固な（RIGID）
頼もしい（RELIABLE）
悲しそうな（SAD）
病気にかかった（SICK）

ばかげた（SILLY）
真面目な（SERIOUS）
頑丈な（SOLID）
心休まる（SOOTHING）
強い（STRONG）
愚かな（STUPID）
服従的な（SUBMISSIVE）
疑い深い（SUSPICIOUS）
緊張した（TENSE）
疲れた（TIRED）
信頼できる（TRUSTING）
よそよそしい（UNAPPROACHABLE）
醜い（UGLY）
脅迫的でない（UNTHREATENING）
並外れた（UNUSUAL）
ユニークな（UNIQUE）
悪意のある（VICIOUS）
温かい（WARM）
弱々しい（WEAK）
賢い（WISE）
引っ込み思案の（WITHDRAWN）
若い（YOUNG）
若々しい（YOUTHFUL）

参考文献

Anastasi, A. (1982). *Psychological testing* (5th ed.). New York: Macmillan.
Bacal, H. A., & Newman, K. M. (1990). *Theories of object relations: Bridges to self psychology* New York: Columbia University Press.
Basch, M. (1980). *Doing psychotherapy*. New York: Basic Books.
Bieliauskas, V. J. (1980). *The House-Tree-Person (H-T-P) research review: 1980 edition*. Los Angeles: Western Psychological Services.
Buck, J. N. (1948). The H-T-P technique, a qualitative and quantitative scoring manual. *Journal of Clinical Psychology, 4,* 317–396.
Buck, J. N. (1966). *The House-Tree-Person technique: Revised manual*. Los Angeles: Western Psychological Services.
Buck, J. N. (1992). *House-Tree-Person projective drawing technique: Manual and interpretive guide*. Revised by W. L. Warren. Los Angeles: Western Psychological Services.
Burns, R. C. (1982). *Self growth in families*. New York: Brunner/Mazel.
Burns, R. C. (1987). *Kinetic House-Tree-Person drawings: An interpretive manual*. New York: Brunner/Mazel.
Burns, R. C., & Kaufman, S. (1970). *Kinetic family drawings (K-F-D)*. New York: Brunner/Mazel.
Burns, R. C., & Kaufman, S. H. (1972). *Actions, styles and symbols in kinetic family drawings*. New York: Brunner/Mazel.
Chessick, R. D. (1985). *Psychology of the self and the treatment of narcissism*. New York: Jason Aronson.
DiLeo, J. H. (1970). *Young children and their drawings*. New York: Brunner/Mazel.
DiLeo, J. H. (1983). *Interpreting children's drawings*. New York: Brunner/Mazel.
Exner, J. E. (1993). *The Rorschach: A comprehensive system: Vol.1. Basic foundations (3rd ed.)*. New York: Wiley.
Farlyo, B., & Paludi, M. (1985). Research with the Draw-A-Person test: Conceptual and methodological issues. *The Journal of Abnormal Psychology, 119,* 575–580.
Gillespie, J. (1994). *The projective use of mother-and-child drawings*. New York: Brunner/Mazel.
Goldberg, A. (1995). *The problem of perversion*. New Haven: Yale University Press.
Goodenough, F. L. (1926). *Measurement of intelligence by drawings*. New York: Harcourt, Brace World.
Gresham, F. M. (1993). "What's wrong in this picture?": Response to Motta et al.'s review of Human figure drawings. *School Psychology, 8,* 182–186.
Gustafson, J. L., & Waehler, C. A. (1992). Assessing concrete and abstract thinking with the Draw-A-Person technique. *Journal of Personality Assessment, 59,* 439–447.
Hammer, E. (1958). *The clinical application of projective drawings*. Springfield, IL: Charles C. Thomas.
Harris, D. B. (1963). *Children's drawings as measures of intellectual activity*. New York: Harcourt Brace Jovanovich.

Hayslip, B., Cooper, C. C., Dougherty, L. M. & Cook, D. B. (1997). Body image in adulthood: A projective approach. *Journal of Personality Assessment, 68,* 628–649.

Houston, A. N., & Terwilliger, R. (1995). Sex, sex roles, and sexual attitudes: Figure gender in the Draw-A-Person test revisited. *Journal of Personality Assessment, 65,* 343–357.

Joiner, T. E., & Schmidt, K. L. (1997). Drawing conclusions- or not - from drawings. *Journal of Personality Assessment, 69,* 476–481.

Joiner, T. E., Schmidt, K. L., & Barnett, J. (1996). Size, detail, and line heaviness in children's drawings as correlates of emotional distress: (More) negative evidence. *Journal of Personality Assessment, 67,* 127–141.

Jolles, I. (1971). *A catalog for the qualitative interpretation of the House-Tree-Person (H-T-P), revised.* Los Angeles: Western Psychological Services.

Kahill, S. (1984). Human figure drawings in adults: An update of the empirical evidence, 1967–1982. *Canadian Psychology, 25,* 269–292.

Kamphaus, R. W., & Pleiss, K. L. (1993). Comment on "The use and abuse of human figure drawings." *School Psychology, 8,* 191–196.

Klepsch, M., & Logie, L. (1982). *Children draw and tell: An introduction to the projective uses of children's human figure drawings.* New York: Brunner/Mazel.

Klopfer, W. G., & Taulbee, E. S. (1976). Projective tests. *Annual Review of Psychology, 27,* 543–567.

Knoff, H. M. (1993). The utility of human figure drawings in personality and intellectual assessment: Why ask why? *School Psychology, 8,* 191–196.

Kohut, H. (1971). *The analysis of the self.* New York: International Universities Press.

Kohut, H. (1977). *The restoration of the self.* New York: International Universities Press.

Kohut, H. (1984). *How does analysis cure?* A. Goldberg & P. Stepansky (Eds.). Chicago: University of Chicago Press.

Koppitz, E. M. (1968). *Psychological evaluation of human figure drawings.* New York: Grune & Stratton.

Koppitz, E. M. (1984). *Psychological evaluation of human figure drawings by middle school pupils.* New York: Grune & Stratton.

Kot, J., Handler, L., Toman, K., & Hilsenroth, M. (1994). *A psychological assessment of homeless men.* Paper presented at the annual meeting of the Society of Personality Assessment, Chicago.

Lee, R. R., & Martin, J. C. (1991). *Psychotherapy after Kohut: A textbook of self psychology.* Hillsdale, NJ: The Analytic Press.

Lichtenberg, J. D. (1989). *Psychoanalysis and motivation.* Hillsdale, NJ: The Analytic Press.

Lichtenberg, J. D., Lachmann, F. M., & Fosshage, J. L. (1992). *Self and motivational systems: Toward a theory of psychological technique.* Hillsdale, NJ: The Analytic Press.

Luscher, M. (1969). The Luscher Color Test. I. Scott (Ed.). New York: Washington Square Press.

Machover, K. (1949). *Personality projection in the drawing of the human figure.* Springfield, IL: Charles C. Thomas.

Marsh, D. T., Linberg, L. M., & Smeltzer, J. K. (1991). Human figure drawings of adjudicated and nonadjudicated adolescents. *Journal of Personality Assessment, 57,* 77–86.

Mitchell, J., Trent, R., & McArthur, R. (1993). *Human Figure Drawing Test (HDFT).* Los Angeles: Western Psychological Services.

Motta, R. W., Little, S. G., & Tobin, M. I. (1993). The use and abuse of human figure drawings. *School Psychology, 8,* 162–169.

Naglieri, J. A. (1988). *Draw-A-Person: Quantitative scoring system.* San Antonio, TX: The Psychological Corporation.
Naglieri, J. A., McNeish, T. J., & Bardos, A. N. (1991). *Draw-A-Person: Screening procedure for emotional disturbance.* Austin, TX: Pro-Ed.
Oas, P. (1985). Clinical utility of an index on impulsivity on the Draw-A-Person test. *Perceptual and Motor Skills, 60,* 310.
Ogdon, D. P. (1967). *Psychodagnostics and personality assessment: A handbook.* (2nd ed.). Los Angeles: Western Psychological Services.
Ogdon, D. P. (1981). *Handbook of psychological signs, symptoms, and syndromes.* Los Angeles: Western Psychological Services.
Oster, G. D., & Gould, P. (1987). *Using drawings in assessment and therapy: A guide for mental health professionals.* New York: Brunner/Mazel.
Riethmiller, R. J., & Handler, L. (1997a). Problematic methods and unwarranted conclusions in DAP research: Suggestions for improved research procedures. *Journal of Personality Assessment, 69,* 459–475.
Riethmiller, R. J., & Handler, L. (1997b). The great figure drawing controversy: The integration of research and clinical practice. *Journal of Personality Assessment, 69,* 488–496.
Reznikoff, M., & Reznikoff, H. R. (1956). The family drawing test: A comparative study of children's drawings. *Journal of Clinical Psychology, 20,* 467–470.
Robins, C. E., Blatt, S. J., & Ford, R. Q. (1991). Changes in Human Figure Drawings during intensive treatment. *Journal of Personality Assessment, 57,* 477–497.
Rowe, C. E., & MacIsaac, D. S. (1989). *Empathic attunement: The technique of psychoanalytic self psychology.* Northvale, NJ: Jason Aronson.
Sims, J., Dana, R., & Bolton, B. (1983). Validity of the Draw-A-Person Test as an anxiety measure. *Journal of Abnormal Psychology, 47,* 250–256.
Sola, S. & Snyder, J. (1996). *A self psychological approach to assessment.* Paper presented at the International Congress of Rorschach, Boston.
Stolorow, R. D., Brandschaft, B., & Atwood, G. E. (1987). *Psychoanalytic treatment: An intersubjective approach.* Hillsdale, NJ: The Analytic Press.
Stolorow, R. D., Atwood, G. E., & Brandschaft, B. (1994). *The intersubjective perspective.* Northvale, NJ: The Analytic Press.
Suinn, R. M., & Oskamp, S. (1969). *The predictive validity of projective measures: A fifteen year evaluative review of research.* Springfield, IL: Charles C. Thomas.
Swensen, C. H. (1957). Empirical evaluation of human figure drawings. *Psychological Bulletin, 54,* 431–466.
Swensen, C. H. (1968). Empirical evaluation of human figure drawings: 1957–1966. *Psychological Bulletin, 70,* 20–44.
Tharanger, D. J., & Stark, K. (1990). A qualitative versus quantitative approach to evaluating the Draw-A-Person and Kinetic Family Drawings: A study of mood- and anxiety-disordered children. *Psychological Assessment, 2,* 365–375.
Urban, W. H. (1963). *The Draw-A-Person catalogue for interpretive analysis.* Los Angeles: Western Psychological Services.
Waldman, T. L., Silber, D. E., Holmstrom, R. W., & Karp, S. A. (1994). Personality characteristics of incest survivors on the Draw-A-Person Questionnaire. *Journal of Personality Assessment, 63,* 97–104.
Wenck, L. S. (1977). *House-Tree-Person drawings: An illustrated diagnostic handbook.* Los Angeles: Western Psychological Services.

Witkin, H. A., Dyk, R. B., Faterson, H. F., Goodenough, D. R., & Karp, S. A. (1962). *Psychological differentiation*. New York: Wiley.
Wolf, E. (1988). *Treating the self*. New York: Guilford.
Yama, M. F. (1990). The usefulness of human figure drawings as an index of overall adjustment. *Journal of Personality Assessment, 54*, 78–86.

邦訳書

バック, J. N. (1948)：加藤孝正・荻野恒一訳『HTP 診断法』新曜社　1982

バーンズ, R. C. (1987)：伊集院清一・黒田健次・塩見邦雄訳『動的 H-T-P 描画診断法』星和書店　1997

ディ・レオ, J. H. (1983)：白川佳代子訳『子どもの絵を読む――潜伏期の子どもの 121 枚の絵』誠信書房　2002

ジレスピー, J. (1994)：松下恵美子・石川元訳『母子画の臨床応用――対象関係論と自己心理学』金剛出版　2001

コフート, H. (1971)：水野信義・笠原嘉監訳『自己の分析』みすず書房　1994

コフート, H. (1977)：本城秀次・笠原嘉監訳『自己の修復』みすず書房　1995

コフート, H. (1984)：本城秀次・笠原嘉監訳『自己の治癒』みすず書房　1995

リー, R. R./マーチン, J. C. (1991)：竹友安彦・堀史朗監訳『自己心理学精神療法――コフート以前からコフート以後へ』岩崎学術出版社　1993

マコーバー, K. (1949)：深田尚彦訳『人物画への性格投影』黎明書房　1974

ストロロウ, R. D./ブランチャフ, B./アトウッド, G. E. (1987)：丸田俊彦訳『間主観的アプローチ――自己心理学を超えて』岩崎学術出版社　1995

ウルフ, E. (1988)：安村直己・角田豊訳『自己心理学入門――コフート理論の実践』金剛出版　2001

訳者解題

　ここでは本訳書の理解に役立つような自己心理学のいくつかの概念を解説する。主に本訳書で用いられている諸概念について述べることにする。あくまで便宜的なものであるので，自己心理学全体に関してはコフートの著作や解説書を見られたい。

　1．自己（self）
　精神分析における自己の定義は，学派によってさまざまである。コフートによれば，自己は人格の核を指す深層心理学的概念であり，「個人の心理的宇宙の中心」である。自己は遺伝的要因と，自己対象との早期の体験を含んだ環境要因との相互作用によって，徐々にまとまりと持続性を持ったひとつの構成体となっていく。その際自己は一定の規則にしたがって発達していく。自己は人の主体性の中心である。自己はさまざまな体験をしたり，感覚を受け取る主体であり，人格の中核をなすと考えられる向上心，理想，才能と技量などの構成要素を持っている。自己は人に自分は独立した主体性の中心であり，体験や感覚を主体的に受け取るものであるという感覚を与えるのである。

　2．自己の構成要素とさまざまな自己
　自己は三つの構成要素を持っている。(1)力と承認を得たいという基本的な欲求が生まれる向上心の極。(2)その方向を目指すという意味での理想を持った理想の極。(3)それら二つの極の間にある，基本的な能力，才能，技量を統制する執行機能である。この二極間に，ある心理的電流が生じて，それが執行機能に機敏性と安定性を与えるというものである。コフートは初期には，向上心の極と理想の極の二極構造を強調するために，双極性自己（bipolar self）という表現を用いていた。その後自己はさまざまに記述されてきたが，以下よく用いられるものについて簡単に触れる。

(1) 断片化した自己 (the fragmented self)

自己は母親との関係に基づいて構築されていくが，初期の母子は未分化な状態であり，乳幼児が母親との関係から得るものは，種々の感覚や印象の断片的な集まりである。それが断片化した自己である。すなわち未分化で自己と対象（主に母親）との区別のない一次的自己愛期である。このように断片化した自己は最早期の自己状態なのだが，年齢が進んでも，自己対象の不適切な反応，自己対象機能の不全，退行促進的な状況などによって現れることがある。現れ方はさまざまで，断片化の度合いによって，軽い不安から，自己構造の全般的解体につながるようなパニック状態が生じることもある。

(2) 誇大自己 (the grandiose self)

この自己は，至福の喜びをもって，自らをすべての存在における中心として体験する，万能的な早期の幼児的な自己を表している。顕示的自己 (exhibitionistic self) とも言う。発達的に言って，乳幼児は正常な発達段階の一部として正常な誇大自己を体験していると思われる。それは自己と世界が限りなく融合しているかのような体験であり，この至福の状態にある乳幼児は，自己体験を拡大して周囲の世界のすべてを自己のなかに包含しているといえる。このとき乳幼児は自分があらゆるものの中心であると体験しているだろう。乳幼児はこの誇大性を，おおいなる歓喜をもって映し返してくれる (mirroring) 自己対象との発達的かかわり合い（共感的対応）を通して，誇大感を徐々に向上心へと変形するが，もし自己対象からの共感的対応に恵まれず，誇大感の発達的変遷をなんらかの形で中断されると，彼らは生涯を通じて，太古的な誇大自己の映し返しを希求するようになる。その希求は自己愛人格障害に見られるような病的な誇大自己の現れとして生じる。たとえば，自分が非常に重要であるという感覚，成功や才能，外見への極度の執着，特権意識，尊大さ，共感の欠如などである。

(3) まとまりのある自己 (the cohesive self)

融和した自己，凝集性のある自己とも訳されるが，cohesive は分裂や断片化の少ないということを意味している。この自己は，正常で健康に機能している，相対的にまとまりのある構造を持った自己である。発達的には，断片化した自己，中核自己に続く段階である。中核自己は三つの構成要素に分けられる。一つ目は，自己対象によって映し返される誇大自己で，向上心の中核とな

る。二つ目は，自己対象の理想化によって生じる親の理想化されたイマーゴで，人生の理想や目標の中核となる。最後は，基本的な向上心や理想を実現するのに必要な能力，才能，技能といった執行機能のことである。この中核自己が自己対象との適切な関係を通して，次第にまとまりを持ち，すぐに断片化したりしないで安定性を持つようになったのが，「まとまりのある自己」である。しかしこれで自己が完成するわけではない。この自己期において，適切な対応をおこなう自己対象が得られないと，中核自己期に退行して，理想化された親のイマーゴや，誇大自己を映し返してくれるような自己対象をたえず追い求めることになる。ときにはさらに退行して断片化した自己状態になることもある。

3．自己対象（selfobject）

自己対象は自己でも対象でもない。また対象とは人物そのものではない。自己対象の果たす機能は，しばしば人によってもたらされるが，しかし自己対象とは機能である。自己対象は自己の維持機能に関する主観的な側面のことであり，自己と対象との関係がこの機能を形成しているのである。対象は，その存在と活動によって，自己と自己性（selfhood）の体験を喚起し，維持するのである。したがって自己対象関係とは，人の精神内界における体験のことであって，自己と対象との間の実際の対人相互的関係のことではない。それは自己を支えるために必要なイマーゴに関する体験を意味しているのである。もちろんこのイマーゴには両親も含まれるが，それだけではないということである。単に両親だけではなく，それを越えた広がりを持っている。そこには伝統，文化遺産，祖国，近隣などや，政治的なイデオロギーあるいはさまざまな宗教や民族意識も含まれるだろう。

a．鏡映自己対象と映し返し欲求

鏡映自己対象（mirroring selfobject）は養育者や治療者が果たす自己対象機能の一つである。自己心理学では，自己は一次的自己愛から，その自己愛リビドー備給の変遷によって，誇大自己と理想化された親のイマーゴという様態を経て，さらにこの二つの様態がそれぞれ健全な向上心，内的理想へと成熟するという発達ラインをたどる。この発達を促進する環境側の機能が自己対象機能であり，とくに誇大自己の発達，変容を促進する自己対象機能として映し返

しが重視された。それは誇大自己の健全な誇大性や顕示性にまつわる主観的体験を鏡のように受け入れ，映し返す機能であり，誇大自己の活力や肯定感を確証し，促進するものである。誇大自己はこの映し返しと軽度の傷つきを体験するなかでより現実的なものとなり，自己の中核領域のひとつとして構造化される。乳幼児は，自己の構造化とそれに付随する自分があるという体験を喚起するために，鏡映体験（mirroring experiences）が必要であり，自己対象からの映し返しを求める。このように映し返しは，幼児の自己の成長にとって極めて重要な体験であり，そうした体験を求めることを映し返し欲求（mirroring needs）と呼ぶ。すなわち自己対象によって自己が承認され，確かなものとして認められて認識されたいという発達早期の欲求である。しかしこうした鏡映自己対象体験に対する必要性は，早期のみならず，人の一生を通じて存在する。

　b．理想化自己対象と理想化欲求

　鏡映自己対象体験を求めることと同様，乳幼児期の間，自己の構造を喚起し維持するために，自己は理想化自己対象（idealizable selfobject）体験を提供してくれる理想化できる自己対象の存在を求める。これを理想化の欲求（idealizing needs）と呼ぶ。すなわち自分自身を，賞賛し尊敬している自己対象の一部分として体験したいという欲求である。すなわち主体には欠けている，安定し，不安のない，力強く，保護的な自己対象に受け入れられ，そのなかに融け込みたい欲求である。この欲求が治療状況において出現した場合，それを理想化転移（idealized transference）と呼ぶ。すなわち理想化された自己対象と融合したいという欲求の再現である。それは，分析者の人格や価値観への多少大げさな賞賛として現れたり，逆にこの転移への防衛として，分析者を脱価値化する行動が持続したり，露骨に表れたりする。

　c．分身自己対象と分身欲求

　分身とは「自分の考えや体験を共有できる自分に似た誰か」のことであり，自己が自己対象と本質的に似ていることを体験し，そうした自己対象の存在によって自己が支えられ，自己が強められることを求める。そうした欲求を，分身への欲求（alter-ego needs）と呼び，そうした自己対象を，分身自己対象（alter-ego selfobject）と呼ぶ。この欲求は発達的には「潜伏期の欲求」である。分身自己対象との関係は，発達的に想像上の遊び相手というファンタジー

に通じるものであり，また才能や技量の獲得においても重要なものである。治療において現れる分身転移（alter-ego transference）は，広い意味での鏡転移（mirror transference）のひとつとして考えられる。

4．垂直分割（vertical split）

コフート（1971）は垂直分割（vertical split）と水平分割（horizontal split）を区別した。水平分割は抑圧（repression）とほぼ同義である。一方の垂直分割は，「深層の両立しがたい心理的態度がとなりあわせに意識されて存在する」とされる。この第二の分割は，誇示される子どもの幼児的誇大性や顕示性を，母親が自己愛的に利用したことと関係している。すなわち母親が，子どもの人格のなかから，自分の欲望や期待に合う側面だけに選択的に関わり，子ども自身の主体的な側面を無視したり，意欲を失わせることから生じる。ここでは母親の映し返しは発達促進的に作用せず，いわば子どもの人格を乗っ取ってしまい，偽りの自己（Winnicott）を創り出し，真の発達を阻害することになる。したがってこの場合，理想化自己対象との映し返しや融合（merger）などの自己愛的欲求は，母親との関係からは得られない。垂直分割は自己愛人格障害のあるタイプに典型的に見られる。彼らは自惚れが強く誇りが高く，過度に自己主張をする人たちで，自分が誇大的で顕示的であることは理解されているが，多少とも修正されていない誇大自己が垂直分割によってこころの現実的な区域から排除されている。つまり垂直分割においては，ある内的・外的現実の知覚が否認される。そしてその人なりに別の現実を作り上げ，それと本来の現実とを並置するのである。例としては，親の死を意識的には知っているが，垂直分割によってそのことを明確には認識しないで，喪失のショックから自分を守ろうとすることがある。結果的に，親の死という現実の事実はなかったかのようにしてしまうことがある。

（溝口純二）

訳者あとがき

　本書は，マーヴィン・レボヴィッツ Marvin Leibowitz, Ph. D. 著 *INTERPRETING PROJECTIVE DRAWINGS : A Self Psychological Approach* (Brunner/Mazel, 1999) を訳したものです。従来の HTP 描画テストの課題に動物画を加え，実施法や分析にもいろいろな工夫をこらした新しい描画法のマニュアルといってよいでしょう。
　主な特徴は以下のとおりです。
　1．実施や解釈の基礎を，主としてコフート派の自己心理学理論においている。
　2．家・木・人・反対の性の人・動物の5種の画像を，それぞれ無彩色と有彩色で描き，計10枚を1セットとする。
　3．分析方法は，印象分析と構造分析からなり，それらの結果と，絵に関する簡単な質問への答えをあわせて解釈する。

　とりわけ，自己心理学理論に基礎をおいた描画法というのは画期的であると思います。自己と自己対象，鏡映，垂直分割など独特の概念によって，その画像が誰を，そして何を，どのように表象しているか，自己構造がどのように形成されてきたか，などがより明確になると思われます。これまで，さまざまな立場の知見を寄せ集め，自分のそれまでの経験と描画法への熱い信頼感を支えに解釈をしてきた臨床家にとっては，自己心理学理論への賛否は別にしても，自分の解釈の基礎を検証し固めていく力強いたたき台になるでしょう。
　彩色描画の併用は，精神病初期の鑑別に有効という報告もありますが，本書によると，一般的にも，無彩色描画は主知的で現実的適応の側面を，彩色描画は広く深い感情面をあらわし，心の動きについて多くの情報が得られることを示しています。
　そして印象分析の手法は，「共感」を重視する自己心理学ならではの発想で

しょう。これまでの測定第一主義の心理テストでは，検査者の印象や主観は，排除すべき害悪でした。しかし，いかに客観化の努力をしても，臨床描画の実際の評定や解釈において，最終的に検査者の印象は避けがたい重要な要素になることを，われわれは経験から痛感していました。本書では，その検査者の印象をもっと堂々と積極的に活用しようと主張しています。そして，それがいかに有用であるかは，まとめの症例研究が示しています。

著者のレボヴィッツ博士は，アメリカ・ニュージャージー現代高等精神分析研究センターで講師と上級スーパーヴァイザーを務める傍ら，精神分析と心理療法の個人開業をしているということです。文中で，描画法の実施者を，検査者ではなくセラピストと呼んでいることから，この方法が常に治療的文脈のなかで使われていることが想像されます。被検者の自己実施法を考案するなど，現場の臨床家らしい自由闊達で実際的考え方も随所に見られます。

翻訳に際しては，自己心理学の専門用語が訳者によってまちまちであるため，主として A. S. ウルフ『自己心理学入門』の安村直己・角田豊両氏の訳語を使わせていただき，前後関係によって使いわけた場合もあります。

また，著者の表現は，おそらく誠実な人柄の反映なのでしょうか，読み手の理解を繰り返し確認しつつ進むような，いわゆる「委曲を尽くした」説明のため，内容の重複や類語の並列がしばしば見られました。したがって，マニュアルとしての簡潔さと実用性のため，逐語訳的にみると小部分の省略があることをお断りしておきます。

本書には自己心理学理論の取り入れがまだ不十分であったり，描画法のマニュアルとして推敲すべき問題をたくさん残しているという批判があるかもしれません。しかしここに書かれた細部やサインに教条主義的機械的に盲従することよりも，クライエントひとりひとりの心を大切にする臨床のあり方をこの描画法を通して体験してほしいと，訳者たちは願っています。

本書の出版は，誠信書房編集部児島雅弘氏の忍耐強い激励に負うところ大でした。心から感謝いたします。

2002 年夏

菊池道子・溝口純二

人名索引

ア 行
ウィニコット　Winnicott, D. W.　*161*
エクスナー　Exner, J. E.　*3*

カ 行
ガントリップ　Guntrip, H.　*161*
グッドイナフ　Goodenough, F. L.　*1*
コット　Kot, J.　*2*
コピッツ　Koppitz, E. M.　*2*
コフート　Kohut, H.　ii, *4, 5, 34, 161, 162*
ゴールドバーグ　Goldberg, A.　*161, 162*

サ 行
サランガー　Tharanger, D. J.　*2*
サリヴァン　Sullivan, H. S.　*161*
ジョイナー　Joiner, T. E.　*2*
ジレスピー　Gillespie, J.　*3*
スウェンセン　Swensen, C. H.　*1*
スターク　Stark, K.　*2*
ストロロウ　Stolorow, R. D.　*5, 6*
スナイダー　Snyder, J.　*4*
ソラ　Sola, S.　*4*

ナ 行
ナグリエリ　Naglieri, J. A.　*2*
ニューマン　Newman, K. M.　*161, 162*

ハ 行
バカル　Bacal, H. A.　*161, 162*
バック　Buck, J. N.　*1, 3*
バーンズ　Burns, R. C.　*3*
ハンドラー　Handler, L.　*2*
ハンマー　Hammer, E.　ii, *1, 3, 6*
フェアバーン　Fairbairn, W. R. D.　*161*

マ 行
マッコーヴァー　Machover, K.　*1, 3*

ヤ 行
ヤマ　Yama, M. F.　*2*

ラ 行
ラッシャー　Luscher, M.　*7, 32, 33, 34*
リースミラー　Riethmiller, R. J.　*2*
リヒテンバーグ　Lichtenberg, J. D.　*5, 6*
ロビンズ　Robins, C. E.　ii

事項索引

ア 行

家-木-人テスト（HTP） i, 1
家の構造分析 37
　　煙突 49
　　壁 44
　　環境 51
　　基線と地面の線 41
　　通路 39
　　扉 37
　　窓 42
　　屋根 47
　　他の特徴 51
　　構造分析例 53
印象分析 9
　　方法 10
　　分析例
　　　　家屋画 11
　　　　樹木画 14
　　　　人物画 15
　　　　動物画 24
映し返し（mirroring） 5, 80, 161

カ 行

間主観的（intersubjective） 4
木の構造分析 59
　　枝と葉の領域〔樹幹部〕 59
　　環境 70
　　根と地面 68
　　幹 64
　　他の特徴 71
　　構造分析例 72
共感的な波長合わせ 9, 162

凝集的自己（cohesive self） 5
形容詞一覧表 205
検査者のための使用説明 199
顕示的誇大的（exhibitionistic and grandiose）欲求 5
構造分析 27
　　構造的特徴の解釈 27
　　　　位置 30
　　　　サイズ（大きさ） 29
　　　　色彩 31
　　　　描線の質と濃淡 28
　　　　防衛的構造 34
　　　　補償的構造 34

サ 行

色彩投映描画法 6
自己-凝集感 116
自己-言及反応 129
自己心理学 4
自己-組織化 129
自己-体験 6
自己対象（selfobject） 4
自己表象（self-representation） 4
自分で実施するための使用説明 202
信頼性 1
垂直分割 129, 161
人物画法（HFD） i, ii, 2

タ 行

代理の内省（vicarious introspection） 4
妥当性 1
動的家族画法（K-F-D） i

動物の構造分析　*141*
　頭　*141*
　尾　*149*
　四肢　*147*
　胴体　*146*
　動物の全体　*151*
　その他の特徴　*153*
　　動物の種類　*153*
　構造分析例　*155*

　　ハ　行

人の構造分析　*77*
　頭　*77, 87*
　　顎　*85*
　　顔　*79, 87*
　　髪　*85, 88*
　　　帽子　*86, 89*
　　口　*83, 88*
　　　口にくわえた煙草，葉巻，パイプ
　　　　84, 88
　　　髭　*79, 87*
　　姿勢　*79*
　　歯　*84, 88*
　　鼻　*82, 87*
　　耳　*81, 88*
　　　イヤリング　*82, 87*
　　目　*79, 88*
　　　眉毛　*81, 88*
　四肢　*101, 113*
　　腕　*102, 114*
　　　姿勢　*103*
　　　透明性　*104*
　　手　*105, 114*
　　脚　*109, 114*
　　　透明性　*110*
　　足　*111, 115*
　　　裸足　*113*

胴体　*89*
　首　*89, 99*
　肩　*91, 99*
　軀幹　*91*
　　胸郭　*92, 100*
　　前胸部〔乳房〕　*93, 100*
　　　裸の乳房　*94*
　　ウエスト　*95, 100*
　　正中線　*95, 101*
　　　ネクタイ　*96*
　　　ボタン　*96*
　　股の部分　*97, 101*
　　　性器　*97*
　　腰と臀部　*98, 101*
　　　裸の臀部　*99*
人間全体　*115, 122*
　身体像　*118*
　　アニメ　*119*
　　衣服と付属物　*119*
　　オカルト　*119*
　　完全な裸の人物　*118*
　　姿勢　*120*
　　自己同一性感　*118*
　　ステレオタイプの人物　*119*
　　聖人　*119*
　　ピエロ　*119*
　　魔女・吸血鬼　*119*
　　マンガ　*119*
　身体の形態　*116*
　身体の真正性　*116*
　　幾何学図形の人物　*117*
　　記号人間　*117*
　　自己-実現　*116*
　　中抜きの輪郭像　*117*
　男性像と女性像の関係　*121*
　　画像の高さ　*121*
　　描画の順序　*121*

人物像についての質問　*123*
　　　　感情　*125*
　　　　行動　*124*
　　　　思考　*125*
　　　　自己と自己対象の関係　*123*
　　　　年齢　*124*
　構造分析例　*126*

　　ひとり人物画法（DAP）　*i, 1, 2*
　　描画の教示と実施法　*199*
　　分身または双子欲求（alterego or twinship need）　*5*

　　　　ラ　行

　　理想化（idealizing）　*5*

訳者紹介

菊池道子（きくち　みちこ）
1955年　北海道大学文学部哲学科卒業
　元　埼玉医科大学非常勤講師
　　　同愛記念病院神経科心理士
2021年　逝去
主著書
　『臨床心理学②診断と見立て』(共著) 培風館　2000
　『心の病の治療と描画法』(現代のエスプリ390号，共編) 至文堂
　　2000

溝口純二（みぞぐち　じゅんじ）
1978年　上智大学大学院博士課程単位取得満期退学
　元　東京国際大学教授
2020年　逝去
主著訳書
　『医療・看護・福祉のための臨床心理学』(共編) 培風館　2001
　リトル『原初なる一を求めて』(共訳) 岩崎学術出版社　1998

マーヴィン・レボヴィッツ
投映描画法の解釈――家・木・人・動物

2002年9月5日　第1刷発行
2022年5月30日　第8刷発行

|訳　　者|菊　池　道　子|
|溝　口　純　二|
|発行者|柴　田　敏　樹|
|印刷者|日　岐　浩　和|

発行所　株式会社　誠信書房
〒112-0012　東京都文京区大塚3-20-6
電話　03 (3946) 5666
http://www.seishinshobo.co.jp/

中央印刷　協栄製本　　落丁・乱丁本はお取り替えいたします
検印省略　　　　無断で本書の一部または全部の複写・複製を禁じます
Ⓒ Seishin Shobo, 2002　　　　　　　　　　Printed in Japan
ISBN978-4-414-40293-3 C3011

バウムテスト［第3版］
心理的見立ての補助手段としてのバウム画研究

K. コッホ 著
岸本寛史・中島ナオミ・宮崎忠男 訳

本書はバウムテストを体系化したカール・コッホのドイツ語原著『バウムテスト第3版』（1957年）の本邦初訳である。これまでコッホのテキストの邦訳版は初版の英訳版からの重訳しか存在しなかったが、分量が3倍となった第3版にはコッホのバウムテストに対する考え方が詳細に記されている。これまで断片的にしか紹介されることのなかったコッホの思想の全貌がはじめて明らかにされる。

目次
邦訳版への序文（山中康裕）
第2版への序
第3版への序
第1章　木の文化史から
第2章　バウムテストの理論的基礎
第3章　バウムテストの発達的基礎
第4章　図的表現に関する実験
第5章　指標の理解

A5判上製　定価（本体4800円＋税）

バウムテストを読み解く
発達的側面を中心に

中島ナオミ 著

長年コッホのバウムテスト研究に携わってきた心理臨床家が、解釈理論の構築に貢献できる指標・樹型・樹種等の発達調査をまとめた労作。

目次
第Ⅰ章　はじめに
第Ⅱ章　バウムテストの体系化の過程
第Ⅲ章　実施法
第Ⅳ章　バウムの指標
第Ⅴ章　バウムの樹型
第Ⅵ章　バウムの幹と枝
第Ⅶ章　バウムの樹種
第Ⅷ章　教示の効果
第Ⅸ章　バウムテストの特性
第Ⅹ章　おわりに

A5判上製　定価（本体3600円＋税）

シナリオで学ぶ医療現場の臨床心理検査

ISBN978-4-414-40063-2

津川律子・篠竹利和著

医療現場での心理検査の実施手順・臨床実務を解き明かした手引き。心理検査を依頼されてから終えるまでをシナリオ形式で示しながら個々の場面での注意事項を解説し、心理検査実施上のポイントも示す。シナリオでは総合病院から開業クリニックまで様々な規模の医療現場を取り上げ一人職場でも対応できるように構成した。

目 次
第1章 心理検査を行う前に
第2章 心理検査の導入──ラポールの実際
第3章 心理検査依頼書に基づいた心理検査の実施(1)──復習を兼ねて
第4章 心理検査依頼書に基づいた心理検査の実施(2)──カルテを読むとは？
第5章 検査実施法「熟知」への第一歩──WAIS-Ⅲを例として
第6章 心理検査の中断をめぐって──ロールシャッハ法(1)
第7章 心理検査の終わり方──ロールシャッハ法(2)
第8章 子どもと検査で出会うには──幼児・児童の心理検査場面

A5判並製　定価(本体2300円＋税)

星と波描画テスト
基礎と臨床的応用

ISBN978-4-414-40052-6

香月菜々子著

「描いていて楽しい」「テーマが新鮮」といった利点がある。このテストが、《診断的側面》だけでなく、治療者と患者の関係性・コミュニケーションを支える《治療的側面》を同時に担っているという特性を踏まえ、個人面接の場にどう取り入れ、活用することが可能であるか、検討を行い、明らかにしている。

主要目次
第Ⅰ部　描くということ　〈描くこと〉の原点から〈星と波描画テスト〉へ
◆〈絵を描く〉ということ
第Ⅱ部　星と波描画テストの概説
◆概説
◆心理臨床の実際
第Ⅲ部　基礎的研究
◆独自性の検討
◆青年期・成人期初期の描画表現の特徴
◆老年期の描画表現の特徴
◆熟練者における描画解釈の着目点について(1)
◆熟練者における描画解釈の着目点について(2)
第Ⅳ部　臨床場面における実際
◆面接導入期での使用について
◆面接過程における使用について
◆精神的不調の「回復サイン」について

A5判上製　定価(本体3800円＋税)

［POD版］S-HTP法
統合型 HTP 法による臨床的・発達的アプローチ

三上直子 著

S-HTP法（統合型 HTP 法）の成立過程，実施と評価の仕方，統合失調症・うつ病・境界例などの臨床的研究，幼児から大学生までの発達的研究について，200 枚以上の絵と統計データを使いながら詳細に論じている。

主要目次
第 1 章　S-HTP の成立過程
　Ⅰ描画テストとは／Ⅱ課題画テストの成立／Ⅲ Buck の HTP 法／他
第 2 章　S-HTP の評価
　Ⅰ評価の手掛かり／Ⅱ全体的評価／Ⅲ人の評価／Ⅳ家の評価／Ⅴ木の評価
第 3 章　S-HTP の研究
　PART1：S-HTP の臨床的研究／PART2：S-HTP の発達的研究
第 4 章　S-HTP についての総括的考察
　Ⅰ S-HTP の有効性について／Ⅱ S-HTP における統計的アプローチと現象学的アプローチ

A5判並製　定価(本体3600円+税)

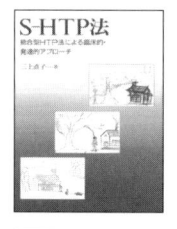

S-HTPに表れた発達の停滞

三沢直子 著

地域コミュニティが崩壊し，他者との関わり方が大きく変化した現代社会で，子どもの心が育ちにくくなっている。臨床家はそこにどうアプローチできるか。S-HTP 法の第一人者である著者による最新の研究データから，180 枚超の絵とともに現状の課題と展望を解説する。

目次
第 1 章　描画テストに表れた子どもの心
第 2 章　問題に対する S-HTP を用いたアプローチ
　Part 1．タイの小学生の S-HTP 画との比較
　Part 2．保育園での試み──子どもの問題を保護者に伝える
　Part 3．小学校での試み──先生の関わりで 1981 年の絵が蘇った！
第 3 章　S-HTP の標準化に向けての試み
　Part 1．S-HTP の評定用紙の作成と各判断基準についての研究
　Part 2．S-HTP における発達的要素・環境的要素・個人的要素の分析

A5判上製　定価(本体2500円+税)

風景構成法

ISBN978-4-414-40169-1

皆藤　章著

その基礎と実践　風景構成法は，従来医療の実際場面との関連が主であったが，本書は臨床心理学の立場からアプローチして，数量的測定的な研究によってこの技法の存在価値を明らかにした。風景構成法の考え，施行法，分析法などについて平易に述べ，初心者に対する手引きとしても役立つ。

目　次
第Ｉ部　風景構成法の概説
第 1 章　風景構成法とは
第 2 章　風景構成法の理論的背景
第Ⅱ部　風景構成法の読みとりに関する研究
第 3 章　風景構成法における構成プロセス
第 4 章　風景構成法における人物像と風景の中の自己像
第 5 章　風景構成法における誘副生
第 6 章　心理臨床のなかの風景構成法
第 7 章　心の成長と描画の変容
第 8 章　風景構成法からみた心理療法過程
第 9 章　事例研究の中の風景構成法
第Ⅲ部　数量的研究
第10章　風景構成法と他技法との比較
第11章　風景構成法の再検査信頼性
第12章　風景構成法における項目提示順序
第13章　数量的研究のための読みとり指標

A5判上製　定価(本体3850円＋税)

風景構成法のときと語り

ISBN978-4-414-40017-5

皆藤　章編著

本書は心理臨床の側から、風景構成法の側から「語る」という視点で、「対話」というスタイルを随所に取り入れている。臨床家が実践のトポスに身を置き風景構成法と対話する中で語りがもたらされる。科学的実証主義と臨床の真実との間で葛藤し続ける著者が、関係性に基盤をおいた心理臨床学を提示する。

目　次
1　風景構成法の〈方法〉に向けて
2　心理臨床において風景構成法がもたらされるとき
3　風景構成法の具体と心理臨床
4　風景構成法体験の語り
5　私の風景構成法体験
6　あるうつの青年との心理療法のプロセスのなかで風景構成法を用いた事例
7　事例のなかの風景構成法

A5判上製　定価(本体3000円＋税)

バウムテスト入門
臨床に活かす「木の絵」の読み方
岸本寛史 著

バウムテストとは「実のなる木の絵」を描いてもらうという簡単な方法であるが、描きながら語りが誘発されるなど、心理テストに留まらない奥行きと広がりをもつ。しかし、治療的媒体としてバウムテストの真価を引き出すためには、逆説的だがバウムテストのテスト的側面に精通することが不可欠である。本書では、治療的側面とテスト的側面を融合させた総合的方法論としてのバウムテストについて論じる。

目次
第1章　バウムテストの実施法
第2章　解釈の前に
第3章　解釈の基本（一）記述
第4章　解釈の基本（二）指標
第5章　バウムテストの研究──指標に焦点を当てた比較研究
第6章　コッホにとっての「心理診断」
第7章　治療促進的要因
附章1　バウムテストと洞窟壁画
附章2　バウムテスト第三版ドイツ語原著を翻訳して

四六判上製　定価(本体2200円＋税)

臨床バウム
治療的媒体としてのバウムテスト
岸本寛史 編

バウムテストは、使い方によっては単なる心理テストを超えて、治療関係の醸成を促進し、新たなコミュニケーションの回路を開き、治療実践そのものを深めてくれる。本書では、そうした治療的実践論を皮切りに、臨床事例の実際、さらには新たな展開の可能性をも視野に入れ、幅広い観点から論じている。

主要目次
第1部　バウムテストのエッセンス
　①バウムの治療実践論（山中康裕）/ ②バウムテストの根っこを探る（山　愛美）/ ③バウムテスト研究の可能性（佐渡忠洋）
第2部　バウムテストの実践
　④面接前に描かれるバウムテストの意味（岡村宏美）/ ⑤手足のしびれを訴える女子大学生との面接過程（倉西　宏）/ ⑥クリニックにおける心理療法とバウムテスト（小野けい子）/ 他
第3部　バウムテストの展開
　⑪急性期病棟におけるバウムというコミュニケーション（成田慶一）/ ⑭バウムテストと洞窟壁画（岸本寛史）/ 他

A5判上製　定価(本体3200円＋税)